名师名校名校长

凝聚名师共识
回应名师关怀
打造名师品牌
培育名师群体

张晓远题

共育未来

校家社协同的
教育交响曲

余晓梅●主编

陕西师范大学 出版总社　西安

图书代号　JY24N2558SY

图书在版编目（CIP）数据

共育未来：校家社协同的教育交响曲 / 余晓梅主编.
西安：陕西师范大学出版总社有限公司，2024. 12.
ISBN 978-7-5695-5242-3

Ⅰ. G636

中国国家版本馆CIP数据核字第2024WE3240号

共育未来：校家社协同的教育交响曲
GONGYU WEILAI：XIAO-JIA-SHE XIETONG DE JIAOYU JIAOXIANGQU

余晓梅　主编

出 版 人	刘东风
出版统筹	杨　沁
特约编辑	张匀曦
责任编辑	段　静　赵苏萍　周天鸿
责任校对	曹小荣
封面设计	言之凿
出版发行	陕西师范大学出版总社
	（西安市长安南路199号　　邮编 710062）
网　　址	http://www.snupg.com
印　　刷	北京政采印刷服务有限公司
开　　本	710 mm×1000 mm　　1/16
印　　张	14.25
字　　数	206千
版　　次	2024年12月第1版
印　　次	2024年12月第1次印刷
书　　号	ISBN 978-7-5695-5242-3
定　　价	58.00元

编 委 会

在当今时代的教育版图上，校家社共育犹如一场和谐而宏大的交响曲，奏响着培养全面发展的时代新人的旋律。而《共育未来：校家社协同的教育交响曲》一书，正是深入探讨这一主题的专著，它宛如一颗璀璨的教育明珠，闪耀着智慧与实践的光芒。

书中聚焦四川省余晓梅卓越校长工作室的8所成员学校在校家社共育方面的探索之旅，犹如展开了一幅色彩斑斓的教育画卷。这些学校如同勇敢的领航者，在教育改革的浪潮中积极探索校家社协同的新路径。通过一个个鲜活的案例，我们看到学校不再是孤立的教育堡垒，而是积极与家庭、社会携手共进的活力引擎。

从这些案例中，我们能深切感受到时代发展对校家社共育提出的新要求。在这个信息爆炸、价值观多元的时代，家庭是孩子成长的温馨港湾，为孩子奠定最初的品德基石；学校是知识的殿堂和人格塑造的熔炉，承担着系统教育的重任；而社会则是广阔的实践天地，提供着丰富的资源和多元的体验。校家社共育，整合了这三方力量，让孩子在全方位的滋养下茁壮成长。

这些学校的探索，涵盖了从课程共建到活动共办，从资源共享到理念共鸣等多个方面。有的学校建立了家校互动的创新平台，让家长深度参与学校的课程设计，使得家庭教育与学校教育无缝对接；有的学校联合社区开展丰富多彩的社会实践活动，让孩子们在社会的大课堂中学会关爱他人、理解社会责任。这些案例不仅仅是经验的分享，更是对校家社共育理念的生动诠释。

《共育未来：校家社协同的教育交响曲》一书，将为广大教育工作者、家长以及关心教育的社会人士提供丰富的理论依据和实践参考。它犹如一盏明灯，照亮校家社共育的前行之路，引领我们共同谱写教育的华丽乐章，为培养适应时代发展需求的新一代人才贡献力量。相信每一位翻开本书的读者，都能从中汲取推动校家社共育发展的智慧，在教育的宏大交响曲中奏响属于自己的美妙音符。

上篇　校家社协同育人论文

下篇　校家社协同发展案例

上 篇

校家社协同育人论文

榕树下的教育协奏曲

——攀枝花市实验学校校家社协同教育探索

攀枝花市实验学校　余晓梅　姚丽　陈洲

　　攀枝花市实验学校，这所承载了无数学子梦想与记忆的学府，曾是20世纪八九十年代攀枝花基础教育版图上一颗璀璨的明珠。彼时，它以卓越的教育质量和浓厚的学术氛围，吸引着四方学子，成为名副其实的"名校"。然而，随着时代的变迁，区域发展的重心转移，这所学校仿佛也被时间的尘埃轻轻覆盖，逐渐从众人瞩目的焦点，退居为一隅之光，面临着生源质量降低、家庭教育参差不齐、学生心理健康问题凸显、教师"躺平"等现实问题。

　　面对困境，攀枝花市实验学校没有选择沉沦，而是以破茧成蝶之姿，开启了自我革新之路。学校深刻认识到，教育不仅仅是知识的传授，更是心灵的滋养和人格的塑造。于是，一场以"校家社协同育人"为核心理念的探索，悄然在校园中生根发芽。学校、家庭、社会三股力量紧密相连，共同编织起一张关爱与支持的网络，为学生提供全方位的成长新环境。

　　学校不仅注重学生学业成绩的提升，更关注其身心健康和个性发展，通过开设丰富多彩的社团活动，举办家长学校，开展网络心理辅导讲座，以及与社会资源合作开展社会实践，让学生在学习之余，能够发现自我、挑战自我、超越自我。

这种"校家社协同育人"的教育模式，让攀枝花市实验学校在新时期找到了新的生长点，它不再仅仅是知识的殿堂，更成了学生心灵的港湾，家长信赖的伙伴，社区教育的引领者。

一、攀枝花市实验学校"校家社协同育人"之纲领

（一）以"榕"文化引领校家社共育之道

大榕树沐浴阳光雨露，茁壮成长，成为实验学校校园里一道亮丽的风景线。

学校根植于"榕树文化"的沃土，提出"让每一个生命都闪闪发光"的办学理念，学校以榕树为文化图腾，不仅注重学生知识的积累，更强调品格的塑造，鼓励学生像榕树一样，深根于知识的土壤，枝繁叶茂于社会的广阔天地，形成独特的"榕树文化"办学特色，为"校家社协同育人"提供了深厚的文化底蕴，构建了"榕"文化创生性课程，以榕树之貌，挖掘榕树精神；以榕树之美，营造优美、快乐的育人环境；以榕树之品，培植学生良好的道德情操；以榕树之魂，激发学生胸怀天下、福荫四方的品质。

以校园中榕树的形象为依托，将"榕树的灵魂"渗透在校园生活的各个环节、延伸到学生发展的方方面面。

（二）以"榕"文化铸就"434"校家社共育体系

通过不断研究和实践，我们探究并完善了符合学校发展实际的"434"协同育人体系，为校家社协同育人搭建行动支架。

结合学校实际，横向利用Epstein提出的六类家长参与活动，纵向搭建RTI三级干预模型，设计校家社共育行动方案，不断探究符合学校发展实际的实践路径，为"校家社协同育人"指明行动方向。

学校教师育德能力

未成年人思想道德建设

学校层面

学生心理健康教育

学生行为习惯养成

家庭教育主体责任意识

"434"体系构建 —— 家庭层面 —— 家庭教育指导水平提升

家风家教家训传承

校家社协同育人政策宣讲

校家社一体化教育中心建设

社会层面

社会育人环境净化

社会教育资源有效利用

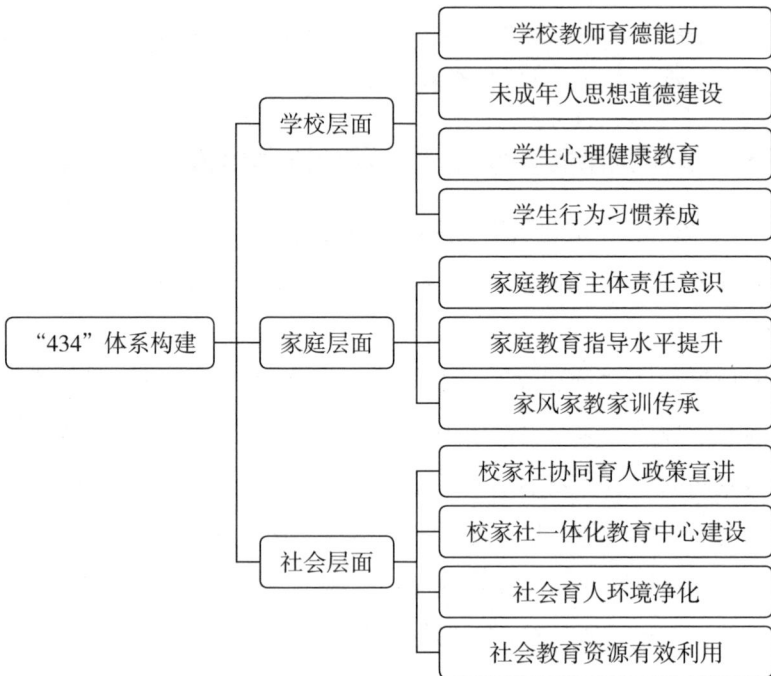

图1 "434"校家社共育体系

纵向：RTI三级干预模型

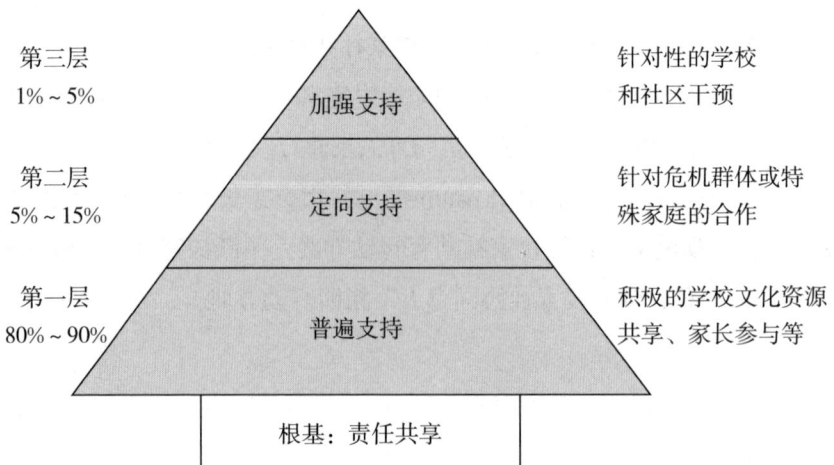

第三层
1%～5%   加强支持   针对性的学校
                                和社区干预

第二层
5%～15%   定向支持   针对危机群体或特
                                殊家庭的合作

第一层
80%～90%   普遍支持   积极的学校文化资源
                                共享、家长参与等

根基：责任共享

横向：Epstein提出的六类家长参与活动					
抚养子女	沟通交流	志愿服务	在家学习	决策制定	社区协作
帮助家庭营造一种促进孩子发展的良好家庭环境。	家校之间的双向交流，以便就学校计划和学生学习进度进行沟通。	做好家长志愿者的招募与组织工作，让他们为学校提供帮助和支持。	为家庭方面提供各种信息和思路，让他们指导该如何在家里完成作业和其他课程活动，并帮助他们做出种种抉择和未来规划。	让家长参与到学校的决策过程，同时还能培养一批家长代表。	查探社区提供的各种资源和服务并将其整合在一起，使其能为学校教学计划、家庭活动以及学生的学习和发展带来益处。

图2 校家社协同行动框架

（三）以"榕"文化促校家社共育举措

1. 发挥校园主阵地作用，构建"榕品"德育课程体系

（1）构建"榕品"德育课程体系，弘扬榕树精神，发挥校园主阵地作用，将榕树精神具象化。开展多学科融合育心赛课活动，推动大思政课程一体化建设；重视班级文化建设，打造"一班一品"的特色文化，增强班级凝聚力。

（2）实施学生自治，提升责任感。通过"这周我当家""人人有事做，事事有人管"学生自治队伍建设，提升学生责任感。制作"榕树下，为你读诗""榕树下的故事"等校园文化栏目，提升文化熏陶作用。

（3）优化校园环境，强化环境育人。打造心理文化长廊，组织校园墙绘活动，给予学生正面积极的引导，让每个学生心中充满阳光。我们还进一步在学校建设了劳动实践基地，突出环境育人的作用。

2. 让家长走进校园，构建家长学校课程体系

（1）成立三级家委会体系，创建家长学校。学校开设"榕树下的家长课堂"，遴选家长志愿者、校外辅导员，参与学校决策和日常管理工作。各年级通过线上线下各种形式的家长会、见面会加强与家长的沟通，共同关注学生的成长和变化。各班级定期向家长宣传家庭教育知识，提醒家长关注孩子的身心发展，构建学校家庭协同育人大平台，实现校家深度融合。

（2）倡导做学习型家长，与孩子共成长。通过开展"亲子共读一本书""心理老师每周推荐一本书"等主题多样化的家长读书活动，以"专家引领、做智慧家长"为主题分层开展心理、法治、安全、健康等各类型家长讲座，帮助家长丰富家庭教育知识，提升家庭教育水平。

（3）开展大型亲子活动，构建和谐家庭氛围。开展"春日有约""十岁成长礼""中考百日誓师"等大型亲子活动，让家长见证孩子成长的重要时刻，进一步拉近心灵距离，构建和谐温暖的家庭氛围。

3. 挖掘校外教育资源，构建校外教育课程体系

（1）精心设计研学主题，形成实践体系。我校结合学生的兴趣和学科特点，精心设计研学主题，形成系统化的校外教育课程体系，丰富学生的社会实践经验。

表1　研学实践课程体系

学段	主题	德育目标
四年级	红色文化	参观爱国主义教育基地，培养家国情怀
五年级	非遗传承	学习本地非遗技能，传承工匠精神
六年级	亲近自然	领略家乡风土人情，增强自豪感
七年级	农耕之旅	开展农耕实践活动，培育劳动精神
八年级	科技之旅	走近现代科技，提升创新意识

（2）加强与社区联系，打造协同育人中心。为了构建全方位、多层次的育人体系，我校积极加强与所在社区的联系，努力打造"1+6+N"

协同育人中心，即一所学校、六大社区、N个家庭，形成教育合力。以志愿服务活动、教育资源开发、评价体系建立为突破口，形成阳光关爱行动、社区评价体系的育人特色机制。

（3）联合多方力量，保障学生安全。我校与辖区派出所建立长效合作机制，定期邀请校外法治辅导员到校开展安全教育讲座，传授防溺水、防火灾、防交通事故等安全知识。与市场监管部门合作，定期对校园周边的食品摊贩、商店进行食品安全检查。不定期对校园周边的午托机构进行检查和约谈，并签订安全责任书。多方联动，齐抓共管，全方位确保学生安全。

二、攀枝花市实验学校"校家社协同育人"之实践

（一）创设"校家社协同育人"视角下的学校劳动教育新风貌

随着社会进步和科技飞速发展，现代教育正在经历深刻变革。构建高质量基础教育体系，实现人的全面发展，已成为新时代综合育人的方向。在办好更加公平、更高质量学校教育行动中，"强化体美劳教育"作为促进学生全面发展和素质教育的重要组成部分，其重大意义不言而喻。在这样的要求下，我校以"融合育人"思想为引领，用劳动教育融合"德智体美"四育，从内容、路径、评价三方面创新构建劳动教育新样态。

1. 价值认知：循"知、情、意、行"以培育学生劳动素养

劳动素养养成也可以从"知、情、意、行"四维展开，做到晓之以理、动之以情、持之以恒、导之以行，培养学生劳动素养。我校依托"阳光农庄"劳动教育基地，采用全学科融合的方式，通过项目化、主题式学习方式，全方位围绕"知、情、意、行"开展活动，以"以融促榕，有榕而生，荣辱与共"为教育理念，扎根课堂，实施全学科融合教育，全面提升学生的核心素养。

同时，我们在开展劳动教育教学活动时，注重打破学科间、学段间、班级间以及课堂内外界限，突破课堂时空限制，实现学科渗透融

合。让学生在实际问题探究和解决中，调动和激活相关知识，形成可迁移的思维方式，并在课堂中实现对不同学科知识的深度理解，晓之以理。丰富学生的学习经历，获得情感体验，动之以情。提升学习生活品质，获得持之以恒的劳动习惯。形成学校的有效教学经验，导之以行，实现课堂再生与丰盈，达成劳动素养培养目标。

2. 内容革新："四融合"激发劳动育人活力

（1）"融·品质"。坚持"以劳树德"育人理念，创新"劳动+德育"教育形态，强化思想教育，注重工匠精神的培育和职业道德的养成，促进学生全面发展。结合学生发展需求，设计融合思想政治、道德品质等方面知识的劳动场景，以主题式学习方式聚焦真实问题的发现和解决，体现鲜活的劳动实践特征。让学生借助不同课程所学的知识方法，通过自主劳动、合作劳动、劳动竞赛等，培养良好的劳动习惯和劳动品质。例如，设置劳动清单，完成"21天家务挑战打卡"；记录劳动日志，完成"劳动嘉年华"成果展示；比赛学会的劳动技能，开展"劳动达人大比拼"竞赛活动。

（2）"融·探索"。坚持"以劳增智"育人理念，将劳动教育与学科课程融合，提供综合运用多学科知识解决真实问题的实践场所，培养学生综合解决问题的意识和能力，进而加深对劳动学科意义和价值的认识。依托学校"种植基地、养殖园、鸟语林"等劳动场所，学生以完成项目和解决问题为驱动力，进行猜想、设计、实践、观察、修整、分享等活动，激发好奇心和兴趣，养成全学科解决问题的思维和能力。同时将问题转化成劳动项目群，形成四类课程。例如，1至2年级"启蒙课程"：认识劳动工具，学习劳动历史；3至6年级"实践课程"：内务整理、清扫洗洁、垃圾分类、互助管理；7至9年级"体验课程"：种植养护、田园劳作、养殖能手、烹饪美食。

（3）"融·审美"。将劳动教育与美育融合，在教育活动环节中潜移默化地实现提升审美素养、陶冶情操、温润心灵、激发创新活力的育人目的。让种子、叶子、花朵、瓜果等劳动产品成为学生创作的素材，形成四种劳美融合活动："吟诵劳动诗歌，释放劳动激情"朗诵表演；"创编劳动舞蹈，体悟劳动过程"舞蹈表演；"编写劳动课本剧，感受劳动精神"艺术表演；"展示手工制作，体现劳动之美"手工展览。

（4）"融·运动"。将劳动教育与体育融合，注重实践，以劳强体。将学生所学的体育技能应用于日常劳动，培养坚韧不拔、吃苦耐劳等品质，并利用劳动教育开展多种形式的体育锻炼。如在"种植劳动"中，老师带领学生参与种植、施肥、挑水和浇水，通过趣味性体育活动使学生全身心地投入课堂，以增强体质、健全人格、锤炼意志。

3. 路径创新："四个一"劳动实践，开辟劳作育人新路径

一个高效的劳动教学实践场所，可以提升教学育人质量和效率。我校充分利用"阳光农庄"使劳动教育内容落地生根，在"四个一"劳动实践中，充分挖掘资源潜力，发展劳动核心素养，激活育人活力。

（1）"一期一特色"。以"春耕、夏长、秋收、冬藏"为时间主线，每学期结合"德智体美"四育亮点，开展特色劳动实践。让学生经历耕地、播种、浇水、除草、捉虫、收获等农耕过程，体验劳动的艰辛与不易，提升学农、知农、爱农的劳动素养和实践能力。

（2）"一月一主题"。依托学校"阳光农庄种植基地""养殖园""鸟语林"等，每月开展以劳动学科教育为核心，融入全学科知识与方法的主题学习活动，引导学生深入广泛地拓展与探究。

（3）"一周一融创"。每周三下午设置"融创课堂"，学生每周到农场或小厨房开展项目式学习研究，在一个连贯而有意义的情境中习得劳动知识技能，发展综合素养。

（4）"一课一实践"。依托"融创课堂"拓展延伸下一个项目实践，培养学生创造性实践和思考力，并将所学知识应用于改变自己和周围人的生活，创造新的价值与意义。

4. 评价革新："342"评价提升劳动育人价值

"342"评价指教师、家长、学生三类主体，结合劳动观念、劳动能力、劳动习惯和品质、劳动精神和劳动核心素养四维目标落实评价，再参考"劳动实践参与（过程性）""劳动作品或产品展示（终结性）"两方面评价，多维度推进劳动综合性评价，让劳动教育内容、途径与目标形成科学完整的闭环，夯实劳动教育育人目标。

我校在融合育人的劳动教育实践探索中，初步形成了融合型劳动教育模式。还需要根据时代发展要求，转型升级、更新迭代劳动教育内容、路径、评价方式，坚持"五育并举协同育人"，促进人的全面发展、综合素养全面提高。

（二）拓展"校家社协同育人"环境中学校法治教育新布局

为大力弘扬法治精神，推进依法治校、依法育人，以法律护航学子成长，学校广泛吸纳社会资源与学校开展共建活动，取得了显著成效。

1. 聘请法治副校长、法治班主任

以法育人，润物无声。学校每学期定期开展"开学第一课"法治副校长进校园，加强法治宣传教育，提高师生法治观念。我校历来高度重视法治教育，聘请辖区派出所教导员为法治副校长，并由法治副校长直接对接各班，设立法治班主任。通过集体培训及个体辅导等多种方式开展法治活动，形成"法治副校长—法治班主任—学生"三位一体的法治教育网，层层推进法治教育，积极普及法治知识，实现法治全覆盖。

2. 举办法治教育专题讲座

学校不定期邀请各界法治专家到校开展法治专题讲座，并与法治班主任就班级管理及法治教育进行深度研讨，协助、指导学校班主任按照有关法律法规制定并完善班级管理制度。培养尊法学法守法用法的好少年不是一朝一夕就能完成的事情，日常法治宣传教育特别重要。在小学阶段安排班主任和道德与法治课教师进行规则意识的培养和强化，为中学阶段道德与法治课法律知识的学习打下坚实的基础，也能够在日常生活中及时发现并纠正学生的不良行为，培养学生法治观念，帮助学生健康成长。

3. 聘请法律顾问

学校根据具体需要，聘请有经验、有信誉的法律顾问，为学校提供高质量的法律服务。结合教师和学生情况，每学期邀请法律顾问为教职工提供相应的法律培训，以提高教师的法律意识和风险防范能力，再通过有教育方法、有法律知识的教师来加强对学生的法治教育，最终实现每个教师都是法治教育者，每个学生都是守法小公民。

4. 构建校家社合作桥梁

（1）法治班主任对接，畅通家校沟通。我校高度重视校家社在法治教育中的重要作用，积极与家长沟通，与社会力量合作。法治班主任对接本校班主任，进入家长群，定期与家长沟通交流，形成良好的法治教育畅通机制。例如，法治班主任每月在家长群发布法治教育小贴士，解答家长的法律疑问，增强家长的法律意识。同时，我校鼓励家长积极参与学校的法治教育活动，形成学校与家庭共同育人的良好环境。例如，学校每年举办"法治教育开放日"，邀请家长参观法治教育展览、观看法治教育短片，与法治班主任面对面交流，共同探讨法治教育的方法和技巧。

（2）丰富社会实践活动，增强法治意识。我校组织学生参加社会实践活动，如参观法院、检察院等机关，让学生亲身感受法律的庄严和神圣。例如，学校组织高年级学生参观市中级人民法院，旁听了一场公开庭审，学生们亲眼见证了法庭的严肃和公正，深刻感受到了法律的力量。学校还定期开展模拟法庭活动，让学生扮演法官、律师、被告等角色，亲身体验法律程序。再如，在我校三年级开展的走班课中，专门设置了模拟法庭的课程，学生们围绕校园欺凌、交通安全等案件进行了审理，不仅锻炼了逻辑思维和表达能力，还加深了对法律的理解。通过这些活动，学生不仅对法律有了更直观的认识，也增强了自身的社会责任感和法治意识。

（3）组建法治家长志愿者队伍，实现校家社共育。法治班主任带领法治家长志愿者队伍，携手社区，开展法治宣讲普及活动，实现校家社共育。例如，学校与社区合作，定期开展法治知识竞赛、法治主题讲座等，定期在社区广场举办法治宣传活动，发放法治宣传册，解答居民的法律咨询。这些活动不仅增强了社区居民的法律意识，也为学生提供了参与社会实践的机会。

（三）构建"校家社协同育心"理念下的心理教育新体系

为进一步全方位高质量地促进学生身心健康，2023年4月，教育部、国家卫生健康委等17部门联合印发《全面加强和改进新时代学生心理健康工作专项行动计划（2023—2025年）》，标志着加强学生心理健康工作上升为一个国家战略，被摆在更加突出、更加重要的位置。根据国家提出的这一战略要求，结合"培养什么人、怎样培养人、为谁培养人"这一教育根本问题，学校把打造心理健康教育特色学校目标纳入校家社协同育人行动框架中，以学校当下面临的突出问题为导向，目标瞄准校家社协同育"心"上，开展了一系列"校家社协同育心"活动，取得了良好的成效。

开展了"校家社协同育心""全环境育心""全活动育心"等实践探索，努力营造积极向上的育心文化氛围。

图3　学校"五法育心"文化体系

【校家社协同育心】

通过校家社合力促进学生心理健康发展，分年级分层级，有侧重点地开展多种活动和开发特色课程，培养内心充满阳光的好少年。

学校积极参与编写攀枝花市教育和体育局组织的《心理健康教育指导手册（家长篇和学校篇）》，为家长和教师提供科学的指导和参考。

手册内容涵盖了学生常见心理问题的识别与应对、家庭教育方法和心理辅导技巧，得到了广泛认可。

学校特邀上海市著名儿童及青少年心理教育专家陈默教授莅临我校，开展为期3天的指导工作。其间，陈教授为全校各年级家长分层举办了5场家庭教育讲座。我校还积极邀请家庭教育专家进入社区，为家长开展心理教育讲座。同时，鼓励老师深入家庭，开展全员家访工作，特别关注有心理困境学生的情况。通过家访，老师能够更全面地了解学生的生活环境和家庭教育状况，为家长提供个性化的科学指导，助力学生的健康成长。

【全环境育心】

学校设立心理文化节，通过丰富多彩的活动，如心理剧表演、心理知识竞赛、心理主题班会等，营造浓厚的心理健康教育氛围，增强学生的心理素质和抗压能力。在我校去年的艺术文化节上，学生自编自演的心理剧《成长的烦恼》深受师生好评，引发了广泛共鸣。

我校还精心打造心理文化长廊，展示心理健康知识、解压漫画、学生心理作品，设置年级心语信箱，为学生提供答疑解惑的平台，提供心灵港湾，帮助他们及时排解心理困惑。

我校积极推动"完美教室"建设，每个班级都设有心理角，展示班级文化、学生作品和心理健康知识。通过班级文化建设，增强班级凝聚力和学生的归属感。我校在每个年级开辟的"梦想文化墙"上，贴满了学生们的梦想和目标，成为激励学生不断前进的动力源泉。

我校心理教师也定期通过校园公众号每周向家长推荐家庭教育书籍，分享心理健康知识，帮助家长提升家庭教育水平。例如，心理教师推荐的《正面管教》一书，帮助家长学会了如何用积极的方法引导孩子，收到了很好的反馈。

【全活动育心】

我校积极开展多种形式的心理健康教育活动，旨在通过丰富多彩的活动，帮助学生展示自我、表达心声、体验团结、收获快乐。例如：

"525"心理文化节、"心"悦读读书分享、心灵涂鸦墙绘、初春"心"苗计划、纸鸢悦心、校园心理剧展评等。在活动中，引导学生们学会尊重他人、理解他人，培养包容心和共情能力。母亲节期间，组织亲子活动，有亲子手工制作、亲子游戏等，孩子们为妈妈制作了精美的贺卡，表达了对妈妈的感激之情，增进家长与孩子之间的感情。

针对不同年级学生心理发展的特点，开展不同主题的团体辅导活动。例如：七年级主题——适应新环境。通过团队合作游戏"破冰游戏"和心理辅导，通过案例分析和互动讨论，帮助学生克服初入新环境的紧张和不安，建立自信，帮助新生快速融入集体。八年级主题——情绪管理。开展"情绪日记"活动，通过情绪识别和调节技巧的培训，帮助学生更好地管理自己的情绪。九年级主题——备考压力管理。组织"压力释放工作坊"，通过放松训练、心理调适技巧和时间管理方法，帮助学生减轻备考压力。心理辅导课程中，教师引导学生制定合理的学习计划，学会合理分配时间和精力，保持良好的心态。

三、"校家社协同育人"之成效

学校以"榕"文化为核心，以"四全理念"为抓手，坚持"五法育心"，在劳动教育、法治树人、心育体系方面取得了系列实践成果。

（一）劳动教育：实践育人，勤勉成风

我校通过在本校的特色阳光农场中劳动，让学生在劳动中感受生命的美好，体验种植、培育和收获的乐趣。通过这一劳动实践基地，学生不仅学到了农业知识，还培养了勤劳品质。据统计，学校阳光农场已接待学生劳动实践超过1 000人次，学生参与率达100%。

我校围绕"榕"文化，将劳动特色教育与学科教育结合，开展了包含全市劳动教育拉练观摩活动在内的10余期"融创课堂"。积极开展省、市级融创课堂课题研究。四川省教育厅在2022年认定我校为"四川省中小学劳动教育实验校"，这是对我校在劳动教育方面所取得的显著成效和积极探索的高度认可。

（二）法治教育：知法守法，明德立信

学校设立法治班主任，定期与家长沟通，进一步增强家长的法律意识，形成了良好的法治教育畅通机制。

我校组织学生参观市中级人民法院，旁听了一场公开庭审；组织"学宪法讲宪法"演讲比赛和法治素养竞赛等系列普法活动，进一步提升了中小学生法治意识，增强了法律意识和法治观念。未来，我校将持续开展这类活动，进一步推动青少年从小掌握宪法知识、树立宪法意识。

通过与家长和社会力量的紧密合作，我们成功地构建起了学校、家庭、社会三位一体的法治教育网络。心存敬畏，方行有所止；心中有法，自当成方圆。在建设法治强国的今天，法律为教育开辟了一方新天地，我校会抓住这个教育契机，切实提升法治教育工作水平，开展更多法治教育活动，实现法治与教育的深度融合，真正办好人民满意的教育。

（三）心理健康教育：身心圆满，健康成长

我校联合北师大心理学专家邓林园教授团队，在家校沟通、家师关系处理、提供家庭教育指导、参与学校活动等维度深化校家社共育工作，不断创新教育模式，完善教育机制，紧紧围绕"机制+人才+课程"，创建校家社讲师团队，开发家长课程，为学生的全面发展提供更加坚实的保障。在校家社协同育心文化的引领和浸润下，学生心理积极特征明显，心困生比率逐年降低，心育成果显著。根据筛查数据，三年来，攀枝花市实验学校心困生比率逐年降低。

小学生阳性检出率变化图

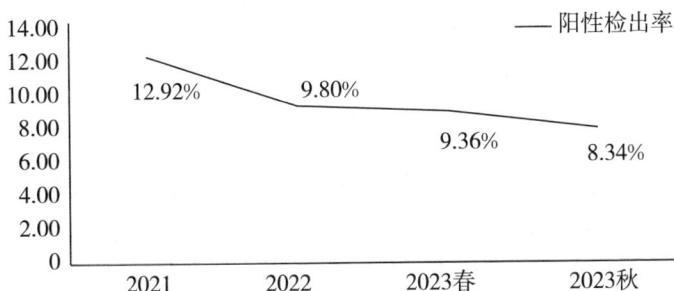

2021: 12.92%　2022: 9.80%　2023春: 9.36%　2023秋: 8.34%

—— 阳性检出率

初中生阳性检出率变化图

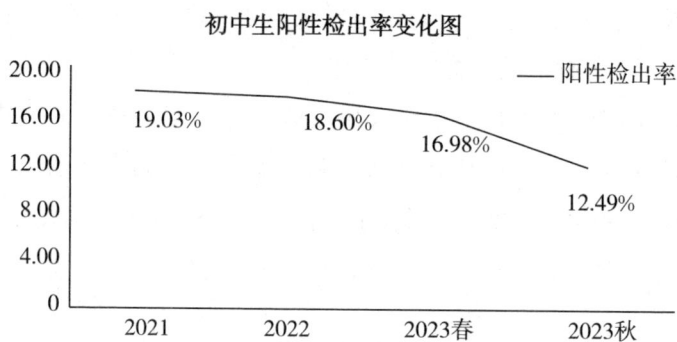

图4 近三年我校学生心理筛查阳性检出率变化图

通过多年来校家社合作育人模式的实践探索，如今的攀枝花市实验学校已华丽转身，成为一所有情怀、有责任担当的家门口的好学校，它以实际行动诠释着教育的真谛——不仅仅是传授知识，更是点燃希望，培养有温度、有担当、有梦想的未来公民。在这片充满爱与梦想的土地上，每一个孩子都能找到属于自己的舞台，绽放出最耀眼的光芒。

校家社协同育人研究论述

——西昌市第五小学校家社协同育人之路

西昌市第五小学　赵正雄

一、学校背景

西昌市第五小学创建于1941年，曾坐落于西昌文化古城腹心地带，是一所历史悠久的学校。在全面推进素质教育和课程改革的过程中，赵正雄校长带领全体师生，坚持科学的教育发展理念，积极向前，不断创新。学校现有36个教学班，2 123名学生，学生来源复杂，包括建昌古城周边居民子女、凉山州各县彝族孩子及进城务工农民工子女。一些学生由于家长长期外出打工而成为留守儿童，监护人的文化水平较低，家中有些彝族老人甚至不懂汉语，导致与老师之间沟通受阻，因此家庭教育的指导能力和效果也受到影响。

二、问题诊断

（一）家庭教育方面

家长职业、文化层次和经济水平多元，对孩子教育的重视程度不一，大多数家长只注重孩子的成绩，而在心理健康、生活教育等方面缺乏科学方法。

（二）沟通障碍

家中有些彝族老人不会讲汉语，家校沟通存在极大的困难。

（三）留守儿童问题

留守儿童缺乏父母关爱与有效监管，学习和成长均面临严峻挑战。

三、教育主张——"三结合教育"

2023年，教育部等十三部门发布的《关于健全学校家庭社会协同育人机制的意见》强调了加强学校、家庭与社会的合作教育的重要性，并提出到2035年形成定位清晰、机制健全、联动紧密、科学高效的学校家庭社会协同育人机制。西昌市第五小学作为一所具有深厚文化底蕴和优秀教育传统的学校，在开展校家社协同教育方面有着自己的特色和实践。学校秉承"厚德诚信，求真务实"的校训，为学生成长搭桥铺路，培养"合格+特长"人才，营造有利于学生全面发展的教育环境。"三结合教育"是学校从培养人才的角度出发，旨在促进所有学生的发展，连接了学校、家庭与社会，构筑了一座教育的桥梁。我校利用各种校内外、家内外、课内外活动来培育出具备道德品质、知识技能、身体素质、审美情趣及劳动能力的学生，使他们能成为符合社会主义核心价值观且全方面发展的人才。

四、校家社协同教育措施

（一）加强组织领导，建立健全制度

1. 加强领导，提高认识

（1）在学校中设立了由赵正雄校长担任组长的校家社协同教育领导小组，德育副校长李璐和受邀参与的社区领导作为副组长，其余的行政人员则构成了团队成员。大家分工明确，各司其职，从而保证了学校、家庭和社会协同教育的顺利实施。

（2）为了确保学校、家庭和社会的联合教育能够顺利推进，我们根据学校的具体情况，制定了《西昌市第五小学校家社协同教育工作实施方案》，该方案详细规定了未来三年的计划及总体办学目标，以确保持续推动校家社协同教育的"三纳入"原则，即将其融入学校的教育发展

战略中、列入决策层面的讨论事项和作为评价目标的责任制度的重要指标，得以贯彻执行。

2. 规范管理，完善制度

"没有规矩，不能成方圆"，为确保学校、家庭和社会教育的协调发展，我们依据学校的具体需求制定了多项详细的规定和条例，例如《西昌市第五小学家长学校管理制度》《西昌市第五小学家长委员会工作制度》及《西昌市第五小学优秀家长评选标准》等，这些都为我们提供了清晰的行为准则，使得我们的校家社协同教育活动能够按照既定的流程有序地开展，并保证管理的科学性和有效性。

（二）积极利用学校作为教育和培养人才的主要场所，严格执行教育和教学职责

1. 提升教师和家长的共同教育意识，增强家庭和学校的共同教育效果

（1）主导教育的核心区域——课堂教学。课堂教学作为学生的主要学习阵地，不仅提供他们所需的知识与技巧，同时也塑造他们的知识体系、思考方式、性格特质及价值观，从而实现个人全面发展的目标。老师们根据各个学科的教材，深度发掘其蕴含的教育理念，确保在教授知识的过程中，能通过有组织且适当的方式传递这些理念。

（2）学校建立家庭教育教师梯级发展机制，家庭教育师资队伍由高到低设立州级名师、市级名师、校级名师、骨干教师、新秀教师五个层级。所有教师参与培训，主要的教学内容是普遍的家庭教育和沟通技巧。为了增强老师们的专业能力，学校定期邀请国家二级心理咨询师及家庭教育专家马懿娉来做专业培训。这样既可以提升老师们在家庭教育领域的专业素质，又使他们能够更好地利用专业知识去引导父母和孩子之间的对话。

（3）深入推进家长教育系统化培训，开办西昌市第五小学校家社共育微课堂，由我校经验丰富的家庭教育指导教师授课，如起始年级入学适应性主题家长课程大巡讲、毕业班冲刺阶段家校共育专题讲座等，增强家长教育的系统化。采取"1+N"方式确定教师直接联系家长制度，全校领导干部教师利用多种形式进行家访。

（4）每个学期都会举办各种类型的教师交流活动，分享家庭和学校共同育人过程中的成功案例，研究问题和困扰，提升教师特别是年轻教师的家庭和学校沟通技巧和能力，并积累共同育人的经验。

（5）联合成都市德育名师工作室段旭导师和她的团队开展家校共育主题微班会的教研活动，我校多名教师曾参加四川省班主任风采大赛并取得省级优异成绩，关于家校共育的论文发表于国家级、市级期刊。

2. 文化育人，弘扬中华优秀传统文化，从小根植文化自信

（1）我校将中华优秀传统文化的传授和学习融入我们的教学体系中，我们深入挖掘了丰富的课程素材，成功研发出了一门独具民族风格的微型课程——《微眼看古城》。

（2）尽管学校的占地面积不大，但我校一直在努力打造校园文化，力求让每一面墙壁都能说话。老校址里的书法国学苑、孔子雕像、校园文化长廊和图书馆——采微书屋、书法教室——墨微堂，这些地方都以传统文化为载体作为学校的校园文化，散发着浓郁的文化氛围，每一处小小的角落都成为学校育人的平台，让学生在一所充满传统文化气息的"书香校园"学习和成长。

（3）一花一木皆传情，一墙一壁皆育人。为充分利用班级文化的影响力来塑造有利的教育环境并提升学生的主导性和责任感，自2019年10月8日起，我校每学期都开展"微美教室"的评选活动，该活动旨在鼓励各班级的学生、教师及家庭成员共同努力，打造出充满个性的学习空间。后期由家长委员会代表和校级领导组成打分团，经过公正、公平的评比，最终评选出获奖班级并颁发荣誉证书。我校的校园文化建设让学校一切的空间和资源都成为传承优秀文化的载体。

3. 活动育人，培养德智体美劳全面发展的社会主义建设者和接班人

（1）通过充分利用少年先锋队活动的平台，我们严格执行升旗仪式的规定。每逢周一举行升旗仪式，全校教职工与学生都会积极参与其中，整个过程严谨且庄重。而关于演讲或者演出的主题则是由少先队大队部根据每月的教育重点，如特定日期的教育内容或是学校的道德修养和安全教育等方面来确定，然后把这些主题整合成一套体系，让各班可以举办各种丰富的活动，例如：读书分享会、培养阳光心态、增强安全意识、学习节俭生活方式、懂得感恩等。每个主题都能展现出各自班级的风采，同时也给同学们提供了无限的表现机会，从而构建起全面育人的模式。让学生从自身做起，从身边小事做起，同时也一直为西昌市创建全国文明城市奉献自己微薄的力量。现在，升旗仪式已经变成了我校品德教育的一道亮丽风景线。

（2）班主任通过每周一的班会课来开展以培养良好行为和品质为主题的教育活动，包括如何整理个人物品和保持清洁卫生、如何与人相处、如何解决生活中遇到的问题等，这些主题班会可以帮助孩子们尽早学会自我管理和生活技能，以便未来能够更好地适应社会环境。

（3）我校积极推动孩子们的社交互动和社会实践，鼓励他们在玩耍的过程中学习知识并锻炼能力。为此，我校举办了一系列名为"爱心童话小镇乐淘淘跳蚤市场"的公益售卖活动，引导孩子们把不再使用的书籍及其他学习用具或玩具带到校内进行交换或出售。在这个活动中，教师、学生与家长们一起策划设计了各个环节，包括广告传单的设计制作、销售口号的拟定以及店铺陈设等，旨在通过这个方式使闲置物品得到再利用，同时也能培养孩子的环境保护观念和生活乐趣。最后义卖所得作为"创建班级图书角，打造书香校园"的活动基金。

（4）每年春季学期，我校都会开展"阅读千本书籍，行走万里之路"的研学旅行，旨在使学生们能够在大自然的怀抱里感受生活，了解传统文化和习俗，传承和弘扬红色革命精神，并在此过程中提升他们的协作与沟通技巧。这一系列社会实践教育课程，都是引导学生参与社会活动的有效手段。

（三）家校共育凝合力，双向奔赴促成长

1. 开放思路，建立家长委员会参与学校和班级的管理

（1）我校的校家社协同教育领导小组由赵正雄校长担任组长，并在他的指导下设立了家长委员会。该委员会的组成人员是在经过对家长们的问卷调查和征求过孩子的看法之后产生的，以保证他们关注儿童的发展、积极投身于教育事业并且全力支持学校的工作。从2022年开始，我们的学校逐步优化了家长委员会，现在它已发展成为"班级—年级—校级"的三层次架构，共有超过一百名家长加入了班级家长委员会，其中三十六人当选为年级家长委员会的代表。基于此，最后挑选出了十二名家长来作为整个学校的家长委员会代表，并从中选举出一位会长和两位副会长，以保持公正原则，要求每个年级必须至少有一名家长代表。

（2）学校把家庭和学校共同教育的核心、困难和热门问题，精准地融入日常工作计划里，保证了每一项家庭和学校共同教育任务都有专人负责，每一个环节都有专人提出疑问，从而使得家庭和学校共同教育的管理逐渐走向系统化、规范化和有序化。

（3）经过两年多的努力发展及整合优化后，学校的家庭委员会已经确立了统一的工作目标：联合所有学生的父母以加强校园与家的互动关系；积极参与并监控教育教学工作中的决策过程，推广相关教育的法律法规信息，以便让家长们更好地理解这些内容并对孩子们的成长产生影响；推动教改进程，提升整体的教育品质。

2. 成立家长学校，提升家庭教育质量，促进孩子全面发展

孩子们的第一个教育场所就是他们的家庭，而父母则是他们最初的教育者。父母的品质直接决定了家庭的教养水平。父母的学识、道德观念、兴趣爱好、自我修炼、外貌形象、日常行为及语言表达等方面都会以一种潜在且深远的方式塑造孩子们的心智与行为模式。为强化家校互动，开设家长学校是一个有效的方法。

（1）我们学校的家庭教育管理工作依赖于三个团队：首先是一支以赵正雄校长领导并有行政人员共同参与的家教管理团队，他们负责实施和推动家长学校的常规活动；其次是一个包括校长带头，教导主任、教科室主任、道德教育专家、社区成员、心理辅导员以及班级老师等构成的家长学校授课团，确保了师资力量的多样性；最后则是由家长们担任委员的一组人马，他们的职责在于监控家长学校的各项任务，搭建连接家长和学校的渠道，定期收集家长对学校各种活动的意见和建议。这三个团队紧密协作，构成了家校共建的科学网络，为我们成功推进家校共建提供有力支持。

（2）确保家长学校的运营，为父母在家庭教育领域提供学习平台，扩大他们对家教知识的了解，从而使得家庭教育更具科学性、规范化和有效性。

① 学校定期邀请国家认证家庭教育指导师江兵，针对家长在教育不同年龄段子女的过程中遇到的棘手问题进行现场指导。例如，孩子对手机过于痴迷应该怎么处理？孩子做事拖拉磨蹭又该怎么办呢？孩子遇到挫折只会哭，孩子无法融入班集体……这些都是很多家长在教育孩子的过程中遇到的共性问题，家长们很想帮助孩子，可是无奈于没有科学的方法，打骂吼叫不仅不能解决问题，反而会激化矛盾，让孩子变得叛逆，让家长心力交瘁。因此，我校按年级和时间段分类开展的专题讲座，能够使家长了解正确的教育理念，学习科学的育人方式，逐渐与孩子建立亲密的家庭关系，创造和谐的家庭氛围。

② 良性沟通是家校合作的基础。沟通及时、到位、充分，可以让家长对学校的制度、老师的理念、孩子的情况有更全面深入的了解，也对自己需要配合的工作和承担的责任有更清晰的认识。因此平时，班主任和科任老师要将学生在校情况与家长沟通交流，取得家长的支持与配合，帮助孩子及时改正一些不好的习惯。

③ 邀请部分优秀家长，交流家庭教育经验，分享家庭教育成果。家长们可以结合各自家庭和父母教育的体会，对如何建立和谐的家庭氛围、加强言传身教、关心孩子的个性差异、培养兴趣爱好、与孩子如何谈心沟通、尊重孩子的选择、关爱但不溺爱、锻炼孩子的独立能力、教育孩子懂得做人的道理、树立感恩心和正确的价值观等方面，分别从不同层面和角度，提出了非常中肯的建议和行之有效的方法。

④ 邀请家长来校参加活动。我们学校的每个年段都设有家庭访问

日，当学校举办重要活动时也会主动邀请家长们参与其中。这不仅有助于推广我们在教学和学习方面的成果，也有利于从家长那里获得更多协助。父母们目睹孩子在学校各种精彩纷呈的活动中的表现后，深受激励，激发了他们在教导下一代上的热情，同时也提升了自己的素养。

⑤ 对于那些来自贫困或有特殊情况的家庭的孩子，我校会提供全方位的支持和关爱。我们会在精神层面鼓励他们，在学业方面为他们提供指导，同时也会尽力解决他们在日常生活中遇到的问题。我们会记录这些孩子的信息并定期关注他们的成长状况。此外，针对经济上有困难的学生，我们将由学校的党员干部亲自探访，以表达关切之情。

⑥ 我校很多学生是来自凉山州各县的彝族学生，他们的父母大多在县城上班，一个月来西昌一次，还有部分家长外出打工，一年甚至几年才会回来一次，这群孩子不是寄养在西昌的亲戚家，就是由家中老人看管，而这些老人几乎都只能保证孩子的基本生活，甚至不会汉语，在学习上完全无法给予监管。当班主任老师与其沟通孩子的情况时，他们总用不流畅的汉语说道："我不懂汉语，我管不了娃娃，我没办法！"针对这种情况，班主任老师也无能为力，于是我校专门设立了一个彝语家校沟通站，邀请我校的彝族老师（罗萍、阿雷莫沙歪、邱母克哈子、秦晓光）和在西昌上班的彝族家长作为沟通站的工作人员，当遇到无法用汉语沟通的家长时，他们就主动帮助班主任老师当翻译，当彝族学生发生矛盾时，他们就主动帮助沟通和化解，这个彝族家校沟通站的成立，为我校教师能有效开展家校共育提供了有力的保障，也是我校校家社共育的一张特色名片。

3. 抓好节点，不断丰富家长会形式

要增强家庭与学校的信赖关系并且实现有效地交流互动的目标，定期举办的家长会必不能少。一般情况下，这类集会在向父母展示成功的育儿案例时举行，以便他们能够得到灵感从而产生共识，进而提高他们的积极性、激发他们的潜能来一起培育更加优秀的子女。我校还尝试改革传统的模式并在其中加入新的元素，比如针对一年级学生家长，他们一般会进行三场不同主题的家长会，每个阶段所讨论的话题都有其独特的焦点。第一次是在暑假期间由赵校长主持的一次全体性的座谈会，主要目标是建立一座连接师生之间的桥梁，同时也能给家长提供更多关于帮助自己的孩子们顺利过渡至正式的小学生的方法。第二次则是班级家长会，目标是进一步帮助家长掌握陪伴孩子学习的正确方法，让家长有效地与学校、老师合作，使学生养成良好的习惯。第三次家长会面向班级管理中和家长沟通交流时发现的普遍问题，通过专题讲座和优秀家长进行经验交流的方式，帮助家长树立正确教育孩子的观念，掌握科学的育人方式。这三场家庭会议的目标各异，但它们都包含了深厚的意义。

4. 组织教师家访，了解学生在家表现

我校的教师一直强调，对于学生特别是那些留守儿童，应该要求他们与自己结对子。通过家访，教师能够更深入地了解到学生在家的行为表现，从而获取第一手信息，这不仅方便了他们的工作，也提升了他们的工作效率。

5. 积极寻找家庭和学校共同教育的新方法，使得家长能够融入学校和课堂中

定期为家长安排示范课和公开课，让他们能够参与到教学过程中，并对教学进行评估。通过这样的家长评教活动，可以加强家校之间的联系，形成共同努力。这种活动使得家长和教师之间的交流更为频繁，关系也更为和谐。

6. 建立平台，扩展家校协作的方式和途径

（1）我们已经建立了家庭与学校的合作教育办公室，并且专门利用学校图书馆的资源，为父母推荐一些有成功教育经验的优秀书籍或读物目录，以便他们在学习和教育孩子上更加方便。

（2）通过学校的微信公众号，学校能够将教育法规政策、教学理念、价值观和品德行为规范等相关内容，向家长进行宣传，实现在学生与家长之间的积极影响和正向指导。

（3）鉴于大部分父母都有智能设备，为了让教师能够迅速有效地与他们保持联系并实现双方的交互式沟通，我们创建了微信群、QQ群，还有一些班级也设立了自己的公众号来分享家庭教育的知识、学生的在校情况等，这样可以让家长们随时了解学生的情况，同时也能通过照片或视频的方式向家长展示他们的孩子，以便让他们参考、引导和讨论，建立起一种高效且创新的互联网交流平台。

（4）我们致力于学校和家庭协作的创新，扩大直接和父母沟通的渠道，例如，邀请来自各行各业的家长们在升旗仪式参加演出，积极参加班级活动、新生入学的"开笔礼"、六一儿童节表演、新年庆祝派对、六年级毕业典礼等一系列活动。此外，我校还是西昌市唯一一所邀请家长委员会成员每日亲自监督学生的午间营养餐安全的学校，从而确保学生能享用到新鲜且健康的食物。

（5）《中国家庭报》家长学校这个平台吸引了全体教师和父母们的注意力，它包含两个主要活动：专家的网络讲座和实际操作练习。这些活动加强了我校师生之间的交流互动，使他们的课后生活变得更具趣味性和多样化。这种以学促行、以行助学的模式创新且有效率。

（6）在"三八"妇女节、"母亲节""重阳节"等特定日子里，我校开展了孝敬长辈的实践活动，鼓励孩子们为他们的长辈洗一次脚、协助他们完成一些家庭任务、与他们交谈并表达感激之情、撰写一封感谢家庭的信件、改进自己的不足之处，彼此分享经验，加深情感联系。

（7）学校全面推进经典诵读工程，我们鼓励父母和孩子一起阅读同一本图书，共建"书香之家"。每年我们都会举行一次这样的读书会，吸引了众多父母热情参加。在学校领导、教师及家长们的支持下，我们的"亲子共享阅读"活动已经取得显著成果，并且激发了很多家庭的阅读兴趣，使他们都能沉浸于书籍的世界中。

（8）家校联手放学，开辟学生绿色通道。我们学校的原址紧邻着西昌市红旗幼儿园，两者都坐落在古城区的主干道旁，总共约有三千名师生及数以百计的学生家属、游客等人群在此聚集。由于道路狭窄且拥挤，每到放学时段就有大约四千人涌出，这无疑增加了学生的安全隐患。尽管学校每天都设有值班教师在学校门口负责疏导交通，但仍无法应对如此庞大的客流量。为了解决这个问题，学校决定借助当地社区和志愿家长的力量来实施"家校护学"计划。他们会按照规定的时间准时到达岗位，并配合保安和教职员工实行分流措施。这种方式不仅让每个孩子的出行更加顺畅，也让他们感受到来自家庭和社会的关爱。

（四）整合社会资源，扩大学生的多元化发展领域

学校在社会教育方面积极主动地与本地机关、社会团体、企事业单位以及街道、社区等联系，采取请进请出的方式，邀请校外教育队伍对学生进行教育。

（1）我校定期邀请来自西昌市关工委"五老"演讲团队的老一辈革命家们为学生做一场关于他们的经历与事迹的讲座，包含了他们在战争年代中的英勇表现，也包含着对祖国深沉的爱意。聆听这样的讲述可以让孩子们深刻理解如今的生活是多么来之不易，从而激发他们去学习那些伟大的先烈们的精神品质，努力拼搏并不断进取，用自己的才华和技能为国家的繁荣发展作出贡献。

（2）我校还会定期邀请来自西昌市检察院的"月城护未"未成年人保护小组或者我们的学校法律顾问、西昌市司法局派遣的吉守布喜所长来举办各种类型的法律教育讲座，以使学生们了解法律法规并且主动遵守它们，同时也能勇敢地对抗违法行为者，持续提升他们的法治意识和思维水平，从而加强自我防范，不受非法思想的影响。

（3）邀请西昌市北城社区卫生服务中心的专业人士为学生进行健康教育讲解，使他们对卫生保健有了更深入的理解，并培养出科学、文明、健康的生活方式和习惯。

（4）每年5月25日是全国心理健康日，我校会邀请来自凉山州心理学协会的国家二级心理咨询师或是西昌市专门从事心理健康的老师刘芳来给我们的学生做关于心理健康的演讲或者是团队辅导课程，旨在减轻学生的压力并赋予他们能量，让他们能够正视生活中的挑战和困难，用积极向上的态度去解决这些问题。

（5）我校定期组织部分师生代表走出校园，参观西昌市四病同防宣传教育关爱中心和西昌市东城社区禁毒教育基地，通过近距离地听、看、问、评禁毒防艾宣传教育，帮助学生树立"珍爱生命、预防艾滋、拒绝毒品"的人生观和价值观。

（6）每周定期组织紧急救援、消防以及防震疏散演习，邀请市红十字会、消防部门和市地震局等机构的专业人士来教授学生心肺复苏、防震避险等安全技能。

五、取得成效

学校在校家社协同教育和教科研工作中取得的卓越成就，犹如璀璨星辰照亮了教育的天空。通过多年来坚持不懈地推进校家社协同育人机制，西昌市第五小学在区域内的影响力日益彰显。

（1）学校的声誉和社会影响力。学校获得了众多荣誉称号，如凉山州唯一的一所全国首批"中华优秀文化艺术传承学校""全国青少年艺术人才培训基地""全国教师综合素质培训先进学校"等，这些殊荣不仅证明着我校过去付出的辛勤劳动得到了社会的广泛赞赏，也表明它强大的教学能力和杰出的管理水平给公众留下了深刻印象。这些荣誉吸引了众多教育同行前来参观学习，交流经验，学校成为区域内教育创新与实践的标杆。

（2）教师专业成长。对于教师而言，在校家社协同教育的过程中，教师们的专业素养得到了极大提升。他们不仅在教学上更加得心应手，能够更好地挖掘教材中的思想教育内容，将知识传授与品德培养完美融合，而且在与家长的沟通交流中，学会了运用专业知识进行更有效的指导。教师们参加各类比赛获奖、发表家校共育论文，更是在教育领域树立了榜样，激励着更多的教育工作者不断探索创新。

（3）学生全面发展。学生们在丰富多样的校家社协同教育活动中茁壮成长。课堂教学主阵地让他们不仅收获了知识技能，还形成了良好的思维模式和价值观念；文化育人活动使他们沉浸在浓郁的优秀传统文化氛围中，从小根植文化自信；活动育人让他们在社会实践中锻炼了能力，培养了团队合作精神。学生们的整体素质显著提高，精神面貌积极向上，他们在各类比赛和活动中崭露头角，为学校赢得了广泛赞誉。

（4）家长积极转变。通过家长学校的培训、专题讲座和经验交流活动，家长们掌握了科学的教育方法，更加重视孩子的全面发展。他们积极参与学校活动，与教师的配合更加紧密，成为学校教育的有力支持者。家长们对学校的满意度不断提升，口碑相传，吸引了更多的家庭关注和选择西昌市第五小学。

（5）社会关注度与美誉度。在社会层面，学校积极整合社会资源，开展的一系列活动得到了社会各界的广泛关注和好评。邀请革命前辈作报告，开展法治宣传活动、健康知识讲座、心理健康教育活动，以及组织学生参观宣传教育基地等，不仅让学生受益，也为社会传递了正能量。学校与社区的紧密合作，为学生开辟了更广阔的成长空间，同时也为社会的和谐发展作出了积极贡献。西昌市第五小学已经成为社会教育的重要阵地，其影响力不断辐射周边，为推动西昌市教育事业的发展发挥着重要作用。

在未来，西昌五小会持续探索和总结，以适应新的环境，寻找家庭教育的新思路和方法，突出其独特性并注重实际效果。我们将持续研究校家社合作的新模式，使孩子们的翅膀更加强壮，在未来的世界中展现出自己的风采。

校家社携手一路与爱同行

——攀枝花市花城外国语学校校家社协同育人特色

攀枝花市花城外国语学校　陈康兰

一、背景与目标

随着教育改革的深入，校家社协同育人成为提高教育质量和促进学生全面发展的重要途径。校家社协同育人是在全球范围内被广泛讨论和实践的一种教育模式。在中国，这一概念的提出和发展受到了政策导向和社会需求的双重驱动，也是落实立德树人根本任务的重要基础。

校家社协同育人这种教育模式强调多方合作，共同促进学生的全面发展。其主要目标是：促进学生全面发展，培养学生的德智体美劳全面发展，不仅关注学业成绩，还重视品德教育、身心健康、艺术修养和社会实践能力的培养；学校、家庭和社会之间建立有效的沟通渠道，确保信息流通顺畅，及时反馈学生的学习情况和个人发展需要；整合学校、家庭和社会的教育资源，实现资源的有效配置和利用，为学生提供更加丰富多样的学习和发展机会；通过家长培训、家庭教育指导等方式提升家长的教育理念和方法，使家庭教育更加科学有效；培养学生的公民意识和社会责任感，鼓励他们积极参与社会公益活动，学会关爱他人和服务社区；为学生创造一个积极向上、安全和谐的成长环境，帮助他们在健康的家庭氛围、优质的学校教育和有益的社会实践中健康成长；共同面对和解决学生在成长过程中遇到的问题，如心理健康、网络成瘾等，为学生提供必要的支持和帮助。

攀枝花市花城外国语学校是一所高标准、现代化、示范性的九年一贯制公办学校。学校是2015年东区投资最大的民生工程建设项目。2017年修建完工，学校占地面积72亩，校舍建筑面积5.3万平方米。2017—2019年由攀枝花市25中小教育集团领办，2020年学校从25中小教育集团独立出来，开始独立办学。自独立办学以来，学校秉承"守正创新，优质多元"的办学理念，恪守"上止正"的校训，强基固本，守正笃实，聚焦激活力、强内涵、增效能、塑品质，立足常规，精耕细作，抓基础、补短板、活载体，扎扎实实把教育教学工作做细、做实、做精，打造新的优质教育。学校积极响应国家政策号召，探索并建立了一套适合本校特点的校家社协同育人机制，逐渐形成"以学校教育为主体、家庭教育为基础、社会教育为依托"的协同育人模式，有力促进学生全面发展和健康成长。

二、校家社协同育人的意义

校家社协同育人是学校、家庭和社会三方面共同参与儿童和青少年教育的过程。这种合作模式能够为学生的全面发展提供一个更加全面和支持性的环境。对学生个人成长的影响、对家庭和谐的促进以及对社区文化的贡献三个方面有着重要深远的意义。首先，在学生个人发展方面，对其适应能力、培养责任感和归属感都有着重要影响，使他们在学习、情感、社交等多个方面得到均衡发展；通过校家社的互动与交流，学生能够更好地理解社会规范和价值观，提高适应不同环境的能力。在生活中，当学生看到家庭成员、教师及社区成员共同努力为其创造良好的学习环境时，他们更容易产生对自己行为的责任感，并感到自己是社会的一部分。其次，校家社协同育人对家庭和谐的促进也是必不可少的，这样的教育可以增进家庭成员间的沟通，促进家庭内部关系的和谐；也可以减轻家庭教育压力，学校和社区的支持可以帮助家长缓解在孩子教育方面的压力，让家长有更多时间和精力关注孩子的个性化需求；通过校家社的合作，家长能够获得更多的教育信息和资源，从而形成更为科学合理的教育理念。最后，校家社协同育人也是对社区文化的贡献，校家社合作能够促进社区内积极正面的价值观的传播，形成鼓励学习、尊重知识的良好风气；通过共同参与教育活动，社区成员之间可以建立更紧密的联系，增强彼此的信任和支持，提高社区的整体凝聚力；社区内的各种资源（如图书馆、体育设施等）可以更有效地为教育所用，为学生提供更多学习和发展的机会。校家社协同育人不仅有助于学生的健康成长，还能促进家庭和谐与社区文化的正向发展，是一个多赢的合作模式。

攀枝花市花城外国语学校自办学以来，始终将学生的身心健康与全面发展视为教育工作的核心。学校积极构建校家社立体化育人课程，融通校内外资源，整合优势力量，丰富课程内容和形式，更好地满足学生多样化发展需求。家长学堂，发挥家长特长；外聘家庭教育讲师团，调动家校共育；教育专家进校园，点燃学生"科技梦""作家梦"等。依托图书馆、体育馆、三线博物馆等社会资源，把学校小课堂延伸到社会大课堂，为学校课程建设增加了新的活力；为发挥家庭主体作用，学校构建校级、年级、班级三级家委会，家委会参与学校教育治理、观摩学校各类大型活动、与学生共同进餐、记录参与感悟、提出改进意见等。学校每年评选表彰一批"优秀家长"，辐射带动更多家庭；开展书法比赛、经典诵读、亲子阅读、评选书香家庭等活动；组织家长参与学校劳动课程、运动会、艺术节、学科月活动等。家校活动搭起了学生与家长、学校与家长、家长与家长、家长与社区之间沟通的桥梁。此外，学校挖掘校本资源，借力社会专家力量，多层次多维度开展家庭教育培训课堂，线上线下结合，为成长中的家庭提供高效能的专业指导，最大限度地发挥学校在家庭教育中的作用，使家庭教育更加丰富、更加协同。

教育即生活，社会即学校。学校、家庭、社会作为育人的重要阵地，只有同心协力，才能培养担当民族复兴大任的时代新人。攀枝花市花城外国语学校将育人工作与社会大课堂相结合，构建"学习，实践"

的育人格局。学校目前建立的教育实践基地涵盖爱国主义、红色教育、综合实践、法治教育、科技场馆、博物馆等，逐步完善全域化育人地图，将育人工作从课堂"搬到"广阔的天地间。

特色课程"学"技能。结合学校地域优势，构建了符合校情的"4+1"特色课后服务课程体系，开发了"戏曲""科技""体育"类的校本课程。参与体验"践"行动。围绕"安全主题"，学校从个人安全、社会安全、网络信息安全等角度帮助学生牢固树立安全意识，推进国家安全教育和育人同频共振。参观三线博物馆，了解攀枝花的昨天、今天和明天，三线精神为学生打好人生底色，教育学生从小听党话、永远跟党走，培养担当民族复兴大任的时代新人。

三、校家社协同育人的措施

（一）课后服务课程，彰显特色教育

在"五育并举"视角下，为响应和落实国家"双减"政策，真正做到"减负提质"，2021年春季开学以来，学校着力于校本课程体系的构建，从"深化"和"创生"两处着力，结合学校地域优势，秉承"政府主导、学校自主、学生自愿、安全有序"的原则，依托学校现有的教育资源，积极探索，真抓实干，构建了符合校情的"4+1"特色课后服务课程体系，开发了"戏曲""科技""体育"类的校本课程（"4"指4天的学业辅导，"1"指1天的综合实践活动课程），学校每学期为学生提供课程菜单，学生根据自己的爱好，选择自己喜欢的课程进行学习。目前学校开设有比较成熟的课程40余门，其中美术学科中的儿童画、国画，音乐学科中的管弦乐、顺笛、排箫、戏曲、京剧，信息学科中的无人机入门探索、wedo2.0和体育学科中的一板同心板鞋竞速等课程，深受学生好评。学校试图将"课后服务课程"与"国家课程"构成学校课程的"一体两翼"，二者同频共振，助推学校课程整体育人功能最大化。

"4+1"课后服务课程

即4天的集中学业辅导课程和1天的学生自主选修"走班"特色活动课程。

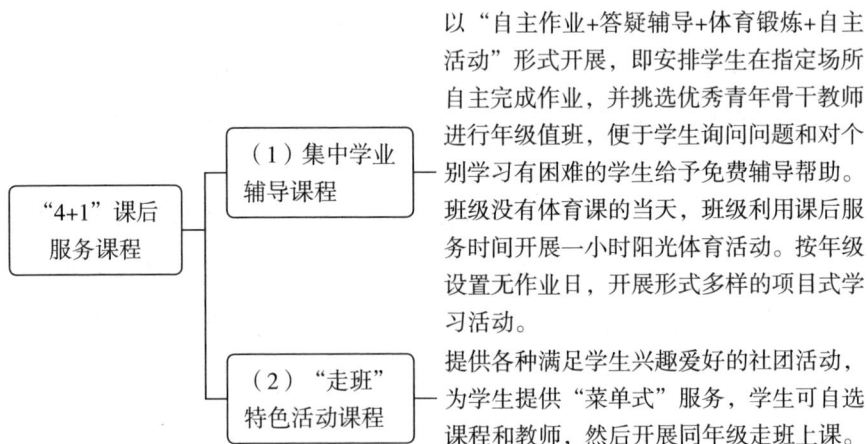

```
                          ┌──────────────┐   以"自主作业+答疑辅导+体育锻炼+自主
                          │（1）集中学业 │   活动"形式开展，即安排学生在指定场所
              ┌───────────┤  辅导课程    │   自主完成作业，并挑选优秀青年骨干教师
  ┌─────────┐ │           └──────────────┘   进行年级值班，便于学生询问问题和对个
  │"4+1"课后│ │                               别学习有困难的学生给予免费辅导帮助。
  │ 服务课程 ├─┤                               班级没有体育课的当天，班级利用课后服
  └─────────┘ │                               务时间开展一小时阳光体育活动。按年级
              │           ┌──────────────┐   设置无作业日，开展形式多样的项目式学
              │           │（2）"走班"   │   习活动。
              └───────────┤  特色活动课程 │   提供各种满足学生兴趣爱好的社团活动，
                          └──────────────┘   为学生提供"菜单式"服务，学生可自选
                                              课程和教师，然后开展同年级走班上课。
```

图1 "4+1"课后服务课程图

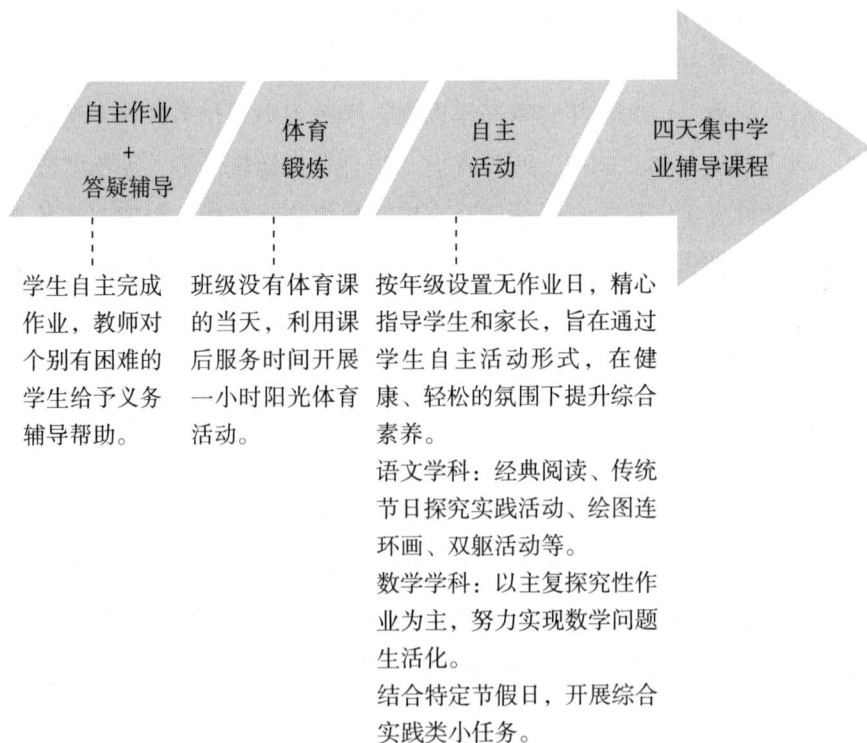

自主作业 + 答疑辅导　　体育锻炼　　自主活动　　四天集中学业辅导课程

学生自主完成作业，教师对个别有困难的学生给予义务辅导帮助。

班级没有体育课的当天，利用课后服务时间开展一小时阳光体育活动。

按年级设置无作业日，精心指导学生和家长，旨在通过学生自主活动形式，在健康、轻松的氛围下提升综合素养。

语文学科：经典阅读、传统节日探究实践活动、绘图连环画、双躯活动等。

数学学科：以主复探究性作业为主，努力实现数学问题生活化。

结合特定节假日，开展综合实践类小任务。

图2 四天集中学业辅导课程图

表1 "4+1" 走读班课后服务课程图

"4+1" 课后服务课程——小学 "走班" 课程设置		
艺术类	少儿舞蹈、电子琴、口风琴，少儿美术版画、国画等	
体育类	中华武术、乒乓球、足球少年、篮球训练营、拉丁舞等	
语文类	国学经典、统本阅读、朗诵、小主持人、演讲与口才、书法等	
数学类	七巧板社团、折纸、魔方等	
英语类	英语配音、英语阅读、英语影视等	
科技类	计算机编程、机器人、航模等	
年级社团	一、二年级	舞蹈队、乒乓球、拉丁舞队
	三、四年级	舞蹈队、合唱队、乒乓球、乐高、管弦乐队、花样皮筋
	五、六年级	合唱队、创客、戏剧社、英语剧、机器人、无人机编队、足球队、篮球队、排球队、田径队、管弦乐队
初中 "走班" 课程设置		
艺术类	合唱、街舞、版画、口风琴、声乐、素描	
体育类	乒乓球、足球、篮球、排球	
语文类	创意写作、阅读先锋、诗林漫步、书法	
科技类	创客、浩瀚星空、计算机编程、无人机编队	

（二）心理健康课程，助力"心"成长

学校高度重视学生心理健康教育，建立了组织机构，构建三级联动学生心理健康教育机制，配备了专门的心理活动室，开设了个性化、特色化活动及心理健康教育辅导课程，有效提升学生心理素养。2024年3月，学校初中心理健康教育校本课程资源开发和应用研究成功申报省级课题并且立项。学生发展中心定期开展学生体质健康清零活动，建立学生体质健康档案；同时打造家长课堂，加强校家社合作共建，切实做到关注每一个孩子的身心健康，实现学校、家庭双线减负提质，助力学生阳光成长。

开始 → 三个一 → 情况反馈 → 目前状况

三个一：
一杯水
一把椅子
一张笑脸

情况反馈：客观阐述学生出现的状况。

目前状况：对本人、他人、班级目前的学习状态及带来的影响。

提出要求 ← 提出建议 ← 共情

提出要求：提出作息时间要求、交流及陪伴方式、返校要求、反馈形式等。

提出建议：回家休整、修复关系专业咨询等。

共情：希望家校共同帮助孩子解决当下的困难，赢得家长的信任和配合。

签订安全承诺书 → 结束

签订安全承诺书：学生出现症状，自愿申请带回调整；保证学生在此期间的安全；履行常规请假手续。

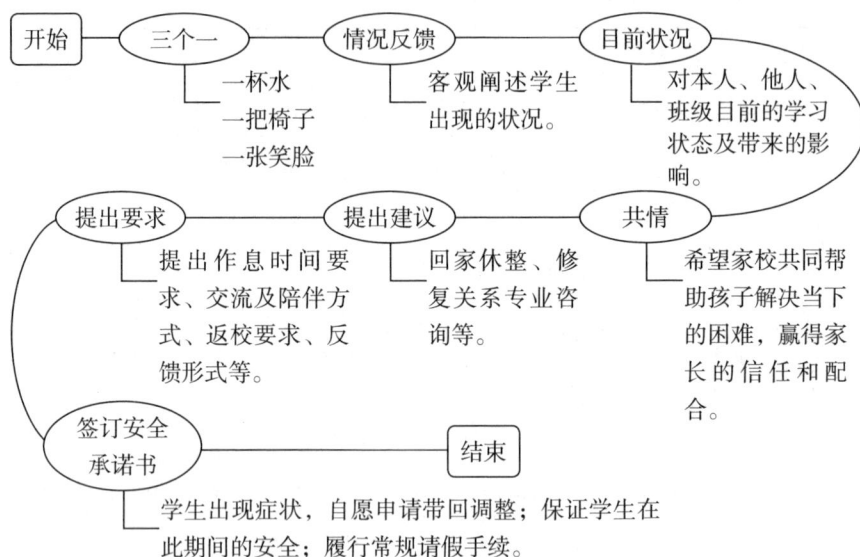

图3 攀枝花市花城外国语学校与心理危机家长沟通流程图

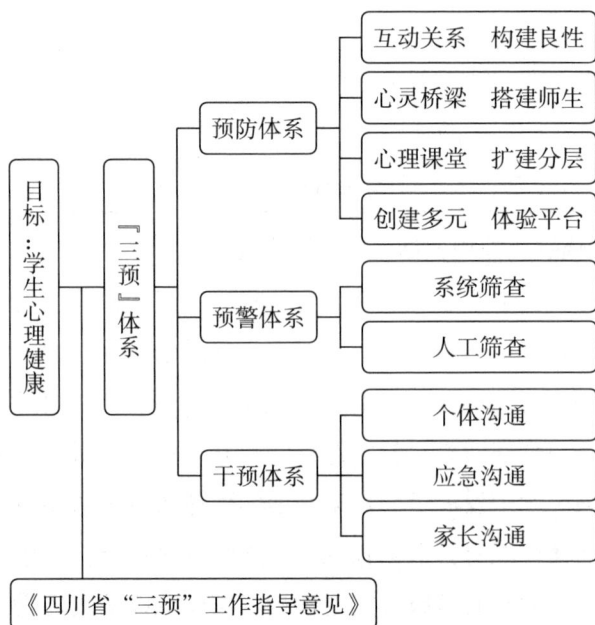

目标：学生心理健康 —「三预」体系

预防体系：
互动关系 构建良性
心灵桥梁 搭建师生
心理课堂 扩建分层
创建多元 体验平台

预警体系：
系统筛查
人工筛查

干预体系：
个体沟通
应急沟通
家长沟通

《四川省"三预"工作指导意见》

图4 学生心理健康体系梯队图

开发多样心理课程

搭建师生心灵桥梁

年级	课程主题	课程内容	授课形式	课时	时间
七年级	初遇青春	适应新生活	讲授+呼吸训练	1	8月底
		认识心理世界	讲授+体验活动	1	10月
		悦纳自我	讲授+体验活动	1	3月
		认识情绪	团体辅导+体验	1	5月
八年级	接纳青春	情绪管理	讲授+体验活动	1	9月
		人际交往	团体辅导+体验	1	11月
		家庭关系	团体辅导+体验	1	4月
		青春期恋爱	讲授+体验活动	1	6月
九年级	你好青春	时间管理	讲授+体验活动	1	10月
		生涯规划	讲授+体验活动	1	3月

图5 多样心理课程图

（三）"与爱同行 筑梦花开"校家社协同育人典型案例

攀枝花市花城外国语学校自办学以来，秉承着"守正创新，优质多元"的办学理念，始终将学生的身心健康与全面发展视为教育工作的核心。在德育工作中，构建了以班主任队伍建设、德育课程开发及校家社协同共育为稳定三角的德育工作体系，形成学生、教师、家长共同成长的发展态势。目前，在班主任队伍建设、德育课程开发方面均衡发展，并取得一定成效，但校家社协同育人方面尚存短板。家长素质参差不齐，管理挑战重重，且家庭教育指导专业性不足，尤其年轻班主任需时间成长。为顺应新时代教育趋势，学校积极响应国家政策，将校家社协同育人视为关键，正努力搭建三方合作平台，强化家庭教育指导与心理健康教育，旨在形成合力育人的良好局面，促进学生身心健康成长。

1. 实践方式

（1）品牌引领：与爱同行，共绘育人蓝图。学校根据家长需求和学生发展特点，确定了"与爱同行共学堂"校家社协同育人品牌。"与爱同行"是这一品牌的核心价值观。它强调了"爱"在教育过程中的重要性。爱不仅是教育的起点，也是教育过程中不可或缺的力量。在学校，教师用爱心去教诲学生，关注他们的成长，培养他们的品格；在家庭，家长用爱心去呵护孩子，为他们提供安全、温暖的成长环境；在社会，社会各界用爱心去支持教育，为孩子们提供更多的学习机会和资源。因此，"与爱同行"强调了爱在教育中的核心地位，以及学校、家庭和社会三方在教育过程中共同承担的责任。"共学堂"则体现了学校、家庭和社会三方携手前行，共同关注孩子的成长和发展。品牌的设定对校家社育人工作绘制育人蓝图、统一育人思想起到了重要作用。

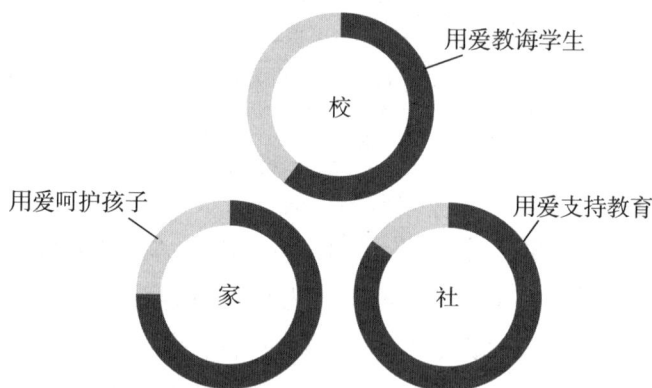

图6 "与爱同行共学堂"展示图

（2）机制保障：架构稳固，搭建育人桥梁。为了确保校家社协同育人的工作得以顺利推进，攀枝花市花城外国语学校构建了一个稳固的协同育人机制，为三方搭建起坚实的育人桥梁。首先，学校建立了完善的组织架构，以校长、书记为领导核心，学生发展中心为组织策划，老师和家长为践行者。明确了校家社协同育人的目标、任务和责任。学生发展中心牵头，小学德育处、心理辅导中心、各年级组负责统筹协调校家社三方的工作，确保各项工作有序开展。其次，学校制定了详细的协同育人工作方案，明确了工作的内容、时间表和责任人。通过制定工作方案，学校能够系统地推进协同育人工作，确保每一项工作都能够落到实处。

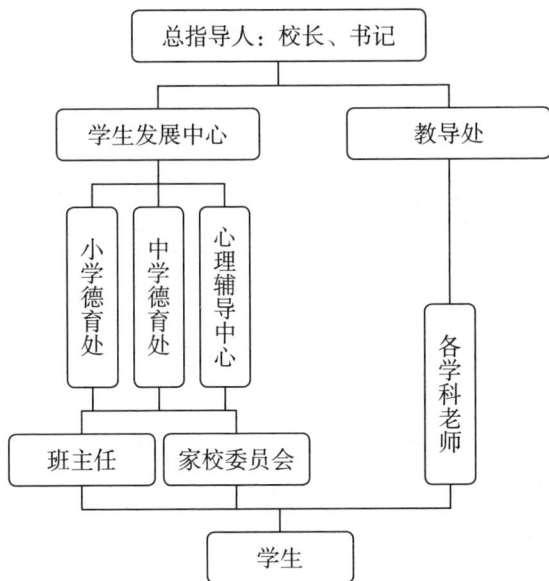

```
                  总指导人：校长、书记
               ┌──────────┴──────────┐
          学生发展中心              教导处
      ┌──────┬──────┬──────┐          │
   小学德    中学德    心理辅          各学科老师
   育处      育处      导中心          │
      └──────┴──────┘                  │
   ┌────────┬────────┐                 │
  班主任   家校委员会                  │
      └────────┴───────┬───────────────┘
                     学生
```

图7　机制保障图

（3）骨干带动：以点带面，引领育人风向。针对我校家长人数众多的情况，学校采取化整为零、集中与分散相结合的方式，将工作分层细化。

2024年5月，在家长培训月期间，学校与家庭教育专业机构联合开展了"家庭教育先行骨干培训活动"，每班选拔2名有一定文化层次且热心家庭教育工作的家长作为班级家庭教育骨干，共130余名家长，并对其进行培训。培训采用"3+3"模式，即3次专家讲座+3次分享答疑。学校与爱自然生命力体系联合先后邀请了3位在家庭教育领域具有丰富经验和深厚理论素养的专家进行授课。讲座内容涵盖了家庭教育的理念、方法、技巧等多个方面，既有对经典家庭教育理论的解读，也有对现实家庭教育问题的深入探讨。为确保家长的学习能在课后得到充分的实践，学校专门组建了学习交流群，家长将专家讲授的内容在家庭教育中践行，并分享心得体会。随后家长们集中进行分享、总结、升华，用集体的力量营造浓厚的学习氛围，用集体的智慧解决家庭教育中的难题。最后为完成学习任务的家长颁发"家庭教育骨干合格证书"。通过学习让一部分家长成长起来，为各班级开展校家社协同育人工作奠定坚实基础。

（4）评价激励：表彰鼓励，激发育人动力。在结营仪式上，根据学习积分原则，对家长们的学习表现进行了表彰和鼓励。特设"家庭教育先行骨干奖"和"勤奋好学奖"，以表彰那些在家庭教育中积极先行、勤奋好学的家长们。学校领导们亲自为各位获奖家长一一颁发奖状和奖品，以此肯定他们的付出和努力。希望通过这样的表彰和奖励能够激发更多家长参与家庭教育的热情和动力，将学习的理念和方法运用到家庭教育中，为孩子们的健康成长提供更好的支持和帮助。同时，我们也期望这些获奖的家长能够积极辐射班级中更多的家庭，让更多的家长参与到家庭教育中来，共同促进孩子们的成长和发展。

2. 实践成效

（1）家长改变：理念更新，以智育人。学校对参与活动的家长进行了问卷调查，结果显示，家长们对活动的满意度普遍较高。50%的家长处于家庭教育入门、懂基础知识的阶段，并希望将来传播家庭教育，帮助更多的人。75.53%的家长认为本次活动对提升家庭教育水平有很大帮助，未来将更加注重与孩子的沟通，尊重孩子的个性，以智慧和爱心引导孩子健康成长。这种改变不仅提升了家庭教育的质量，也为孩子的全面发展奠定了坚实基础。

（2）教师成长：技能提升，领航未来。校家社协同育人工作组组长（校长）及主要成员（学校德育副校长、小学副校长）分别为家长做主题为"如何提升学生内驱力""如何看待孩子偏差性行为""什么是好的教育"微讲座，结合自身的教育经验和管理经验，给出了具体的建议和解决方案。工作组主要成员的示范引领为将来更多的教师参与校家社共育工作及成为家庭教育专家起到带头作用。班主任们积极加入线上家庭教育先行骨干陪伴群，不仅学习了家庭教育方法，还加深了对教育理念的理解，提升技能的同时，也将引领育人风向。

（3）学生受益：畅谈心声，与爱同行。培训结束后学校对学生们进行了采访，视频中孩子们不约而同地谈到了家长的改变。我们了解到孩子们的心声：从希望父母更温柔、更关心自己到觉得父母变温柔了，还希望父母继续学习。培训后，父母收获的是专业的家庭教育知识，孩子收获的是高质量的爱。

通过"与爱同行共学堂"校家社协同育人活动，家校之间的沟通和合作得到了进一步加强。校家社三方在协同育人的过程中形成了紧密的合作关系。这种联动共进的模式促进了教育的协同发展，为学生们创造了更加良好的成长环境，共同助力孩子们的梦想绽放。

3. 工作启示

（1）制度优化：构建校家社协同育人长效机制。为了确保校家社三方能够长期稳定地协同育人，我们需要不断优化和完善相关制度。这些制度应包括明确各方的职责和权利，建立有效的沟通机制，以及制定具体的协同育人计划和评估标准。通过制度的优化，我们可以为校家社协同育人提供有力的保障，确保每一项措施都能够落到实处。

（2）协同育人：专业引领，校家社携手同行。学校定期组织教师参加家庭教育专题培训，邀请专家为班主任提供专业指导，确保教师具备专业的家庭教育知识和指导能力。

（3）培训创新："4+1"校家社协同育人培训模式。下学期我们将骨干培训与班级家庭教育活动相结合，采用"4+1"模式开展，每月组织一次家长骨干培训活动，即每学期4次家庭教育骨干培训，每个班级每学期至少开展1次家庭教育活动，以点带面确保每位家长都能够接受到专业的家庭教育指导，提高家庭教育培训的针对性和实效性。

（4）资源开发：挖掘校家社家庭教育专业资源。积极挖掘和开发家庭教育专业资源。这些资源包括教育专家的讲座、优秀家长的分享、老师的经验交流、社区组织的活动等。通过整合这些资源，我们可以为家长提供更多元化、专业化的家庭教育指导，帮助他们更好地理解和支持学校的教育工作。

（5）平台推广：建立攀枝花市花城外国语学校校家社协同育人平台。学校将通过新媒体平台，定期推送家庭教育知识和经验分享文章，方便家长随时随地进行学习和交流。同时，学校还将根据家长的需求和兴趣点，分板块推送相关内容，提高推送内容的针对性和实用性。

（6）课题驱动：研究实践，深化家校合作。学校积极组建课题研究团队，开展校家社协同育人创新性的研究实践。开发具有系统性和特色化的家长课程，深化家校合作，共同为学生的全面发展创造更好的条件。

家庭、学校是孩子成长的两个重要"摇篮"，家庭教育是教育的基础细胞，学校是孩子教育的重要场所，办一所家门口的好学校，一定是家校共育的合作史。有了爱，教育才能顺其自然地发生，而家庭教育是一切爱的基础，学校教育是家庭教育的延续，只有家庭、学校相互联系、相互推动，才能真正形成学校、家庭、社会结合的教育氛围，共同守望孩子的成长。

校家社协同育人助推教育高质量发展

攀枝花市第九小学　王璐

攀枝花市第九小学地处攀枝花市攀密片区中心地带瓜子坪，占地面积5579平方米。学校始建于1978年3月，前身为攀矿机修厂子弟学校，2005年12月改为现名。作为曾经的攀枝花市中心城区学校，市九小曾有24个教学班，师生共计1300余人，教育教学质量名列全市前茅。

随着城市中心转移，社区年龄结构老龄化，学校生源萎缩。学校现有17个教学班，有师生近700名，40余名教职工中大专以上学历达100%，学历达标率100%。市级骨干教师1人，区级学科带头人、骨干教师4人。

随着教育改革的不断深入，小学教育的地位日益凸显，不仅是学生知识启蒙的关键时期，更是培养学生良好品德、形成健康人格的重要阶段。小学生正处于身心发展的关键时期，其成长不仅需要学校的专业教育，更需要家庭和社会的关怀与支持。家庭是学生的第一所学校，家长的教育观念、教育方式直接影响着学生的成长轨迹。学校则是学生系统接受知识、培养能力的主要场所。而社会则是学生实践锻炼、增长见识的广阔天地。只有家庭、学校和社会三方面紧密合作、协同育人，才能为学生营造一个良好的成长环境，促进其全面发展。在这一背景下，攀枝花市第九小学开展了校家社协同育人教育模式的探索。

一、校家社协同育人的定义与内涵

校家社协同育人是一种创新的教育模式，强调家庭、学校和社会三者之间的相互配合与支持。在这种模式下，教育不仅是学校单方面的责任，家庭和社会也应积极承担起各自的角色，共同参与到教育过程中。通过这种协同合作，可以为学生提供一个全方位、多层次的成长环境，帮助其在知识、能力、情感和社会责任感等方面得到均衡发展。家庭是学生成长的第一环境，父母和家庭成员的言传身教对学生的价值观和行为习惯有着深远的影响。学校作为教育的主阵地，承担着传授知识、培养能力和塑造品格的重要任务，而社会则为学生提供了广阔的实践平台。通过各种社会实践活动，学生可以将所学知识应用于实际，培养解决实际问题的能力。校家社协同育人模式的核心在于三者的有机结合。为了更好地落实育人目标，家庭、学校和社会三者之间需要建立有效的沟通机制，共同制定教育目标，分享教育资源，协调教育方法，形成一致的教育理念。只有这样，才能保证教育的连贯性和一致性，避免教育过程中的矛盾和冲突。此外，校家社协同育人还强调个性化教育的重要性。每个学生都是独特的个体，具有不同的兴趣、特长和需求。通过家庭、学校和社会的协同合作，可以更好地发现和培养每个学生的潜能，提供个性化的教育方案，帮助其实现自我价值。

二、校家社协同育人原则

（一）尊重学生个体差异

每个学生都是独一无二的个体，拥有不同的兴趣、才能和学习方式。校家社协同育人的首要原则就是尊重学生的个性差异。这意味着需要深入了解每个学生的特点，为其提供个性化的教育方案。这些方案应针对学生的具体需求和能力水平，激发其潜力，培养其兴趣，并帮助学生实现全面发展。通过个性化的教育，可以更好地满足学生的需求，让其在学习中找到乐趣和成就感，从而更加积极地参与学习和成长。

（二）坚持教育公平原则

教育公平是社会公平的关键。在校家社协同育人的过程中，必须坚持教育公平原则，保证每个学生都能获得平等的教育机会和资源。无论学生的家庭背景如何，都应该努力为其提供相同的教育资源和支持。这意味着需要关注弱势群体的教育需求，为其提供更多的帮助和机会。同时，还需要促进教育资源的均衡分配，避免教育资源过度集中于某些地区或学校。通过坚持教育公平原则，可以为每个学生创造一个更加公正和平等的学习环境，让其都可以享受到优质的教育资源和服务。

（三）注重实践与体验

知识的获取不应仅限于书本，更应注重实践和体验。校家社协同育人应鼓励学生积极参与社会实践和体验活动。这些活动可以帮助学生将所学知识应用于实际情境中，加深对知识的理解和应用。同时，实践和体验活动还可以培养学生的创新精神和实践能力，让其在实践中发现问题、解决问题，并不断探索和尝试新的方法和思路。通过注重实践与体验，可以帮助学生更好地适应未来社会的发展需求，成为具有创新精神和实践能力的人才。

三、对症下药，分析校家社协同育人面临的问题

攀枝花市第九小学地处攀枝花市攀密片区，伴随城市中心向江南片区转移，人口流动加快，社区居民倾向老龄化，学校所属片区的适龄儿童大幅度减少，生源日益萎缩。生源结构也由过去的知识分子家庭和攀钢职工家庭转变为进城务工家庭，对孩子的教育缺乏关注。

（一）沟通平台单一，家校沟通不畅

务工子女家庭由于工作环境和经济能力限制，家校之间的沟通不畅成为一个显著问题。首先，家长和教师之间缺乏一个高效、便捷的沟通平台，导致信息传递不够及时、准确。大多数家长只能通过家长会、电话联系或偶尔的面对面交流来了解学生在学校的表现，这种方式的局限性使得家长难以全面、深入地了解学生的学习和生活状态。同时，教师

也难以通过有效的渠道掌握学生在家的表现和学习情况，这直接影响了教育的针对性和有效性。

（二）社会资源利用不足

攀密片区主要有瓜子坪社区、青年路社区，虽社区建设较为老旧，但有一定的文化底蕴，建有城市原点广场等文化设施。但市九小在校家社协同育人过程中，社会资源的利用并不充分：第一，社区作为学生生活的重要场所，拥有丰富的教育资源，但未能与学校教育形成有效对接；第二，企业、非政府组织等社会力量参与小学教育的积极性不高，缺乏有效的参与途径和方式；第三，学校未能充分整合和利用这些社会资源，形成教育合力。

（三）缺乏有效的评价与反馈体系

评价与反馈是提高教育质量的重要手段，但市九小在校家社协同育人中，缺乏一个科学、系统的评价与反馈体系。这使教育活动难以得到及时地调整和优化，影响了教育效果的持续改进。

四、探索校家社协同育人的策略，促进学校教育高质量发展

为解决学校面临的种种问题，更好落实育人目标，实现家庭、学校和社会三者之间的有机结合。市九小结合本校实际情况积极开展校家社协同育人工作，依据学生整体情况，开展各类活动，目的在于将校家社深度融合，共同构建一张助力学生全面发展的网络，下面对具体工作策略进行详细分析：

（一）创新家校沟通渠道

为了有效解决家校沟通中存在的问题，有必要积极采取措施，建立多元化的沟通渠道。学校定期召开家长会，通过面对面的交流，家长和教师可以详细讨论学生在校的表现以及家庭情况，从而促进彼此之间的相互理解和信任。利用现代科技手段，建立网络沟通平台，例如微信群、学校官方网站等，实现信息的即时传递和共享，让家长可以随时掌

握学校的教育动态和学生的学习进展。此外，每学期定时、定人有针对性的家访工作，可以更全面地了解学生的学习和生活情况，从而更好地制定教育方案，实现家校共育的目标。通过这些多元化的沟通渠道，可以保证信息的畅通无阻，为家校协同育人提供有力的保障，从而更好地促进学生的全面发展。

除此之外，攀枝花市第九小学作为一所进城务工人员子女占比较高的学校，为了提升家庭教育质量，让家校合作更有效，学校充分发挥信息化时代阅读的特点，创新推出了"同心微视"家庭教育指导课程。学校邀请心理咨询专家、学校领导、优秀班主任、优秀家长等担任主讲嘉宾，利用3—5分钟时间，针对近期学校教育教学工作中出现的问题对家庭教育进行指导。例如，心理健康知识宣讲、在家微习惯怎么做等。简短精致的视频通过学校网站、微信公众号、班级交流群等多个渠道向家长呈现，为家长如何配合学校教育做好家庭教育做了科学指导。

"同心微视"让家校沟通突破了时空阻隔，有效实现了学校对家庭教育的指导。

（二）整合社会资源，丰富教育内容

为了进一步丰富教育内容，应当积极整合社会资源，充分利用各种外部资源，为学生提供更加多元化的学习体验。攀枝花市第九小学与社区建立紧密的联系，充分利用社区的文化、体育、科技等多方面的资源，为学生开展丰富多彩的课外活动。

学校聘请了18名校外辅导员，分别来自属地瓜子坪街道8个社区党委书记、消防中队指导员、攀矿科技部部长、马栏山地震台台长、退休教师、"五老"干部，实现了校家社协同共育。各位来自不同岗位的校外辅导员与学校教师一起制订《假期生活探究手册》。学生们在校外辅导员的指导下完成各项任务：参观观测站、向社区居民讲解"三线建设"历史、参与森林草原防灭火宣传……极大丰富了学生们的假期生活。同时，学校积极鼓励学生参与到社区志愿活动中去。学校先后有20多位同学参与志愿者服务，其中丁奕玲同学为城市原点广场做讲解的视频被省级媒体刊播，她本人也被评为省级"优秀红领巾广播员"。在丰富的实践探究活动中，学生真正做到了"做中学""用中学""创中学"，这帮助学生更好地适应未来社会的发展需求，成为具有创新精神和实践能力的人才。

此外，学校还邀请各行各业的专家、学者走进校园，为学生开展各类讲座、工作坊等活动。这些活动涵盖科学、心理、艺术等多个领域。例如，学校"阳光小屋"（即心理咨询室），打破传统的小学心理教育模式，特邀木棉家传工作室的心理辅导师团队，利用每周四下午走班选课开设了每周2个课时的表达性艺术团体辅导兴趣班。该兴趣班旨在弥补个别学生口语表达上的不足，帮助他们更好地建立关系。该兴趣班成员并不固定，学校将根据他们在辅导过程中反映出的心理状况判断，引导学生更好地融入集体生活中。

（三）积极构建创新的评价体系

为了全面评估校家社协同育人的效果，必须构建一个科学且全面的评价体系。需要明确评价的标准和指标体系，包括学生的学习成绩、综合素质、家长的满意度以及学生在社会实践活动中的表现等多个方面。通过这些综合性的指标，可以更全面地了解学生在各个方面的成长和发展情况。在评价方法和手段的选择上，需要采用多样化的途径，除了传统的学业测评、问卷调查、家长访谈等评价方式，学校独创了"同心争章"评价体系，在对学生德、智、体、美、劳综合评价外，同时激发学生的荣誉感和自信心。

"同心争章"是学校将课程学习与少先队争章相结合，形成的特色评价机制。其目的是培养少年儿童积极向上、乐观进取的精神品质，形成学校浓郁的学风、校风。"同心争章"实行三级争章管理制度，即班级章—校级章—终极章（每个层级至少集满10枚，可以换取上一层级的对应章一枚）。

校级章共计9类，体现学校"五育"并举，包括：优秀章、习惯章、合作章、才艺章、贡献章、进步章、爱阅章、劳动章、小主人章。

校级章采用班级推荐和学校推荐相结合的方式，每月评价一次，在集会上以隆重的颁章仪式发章。班级周周评，根据学生在班级内的表现给予相应的班级章，班主任每月按学校要求上报。德育处根据每周同心舞台才艺展示推选才艺章，教导处或艺体组根据学生参加校外比赛等表现推选优秀章、贡献章。

终极章获得者学校要举行隆重的颁章仪式，颁发奖牌、奖品。邀请父母到场，和孩子一起走红毯，见证孩子的星光时刻。同时，荣获终极章的"星光学子"事迹将留在学校专栏上，为后来的学子做榜样。

创新积极的评价体系极大促进了家庭教育和学校教育的融合，为家校社共育提供了有力支持，这不仅有助于提升教育质量，还能促进学生全面发展。

（四）加强师资培训，提升教育质量

为了进一步提升教育质量，必须重视并加强师资培训工作。通过定期组织教师参加各类培训和学习活动，可以有效提高其专业素养和教学能力。这些培训可以包括最新的教育理念、教学方法、学科知识更新等内容，保证教师可以跟上时代的步伐，掌握先进的教育技术。加强教师的协同育人意识和能力培养也是至关重要的。这意味着教师不仅要具备扎实的教学能力，还要与家长、社区以及其他教育相关方进行有效的沟通和合作，共同为学生的成长和发展创造良好的环境。同时，建立激励机制和考核机制也是提升教育质量的重要手段。通过激励机制，可以激发教师的积极性和创造性，鼓励其在教学和育人工作中不断探索和创新。考核机制则可以保证教师的工作质量和效果，通过定期的评估和反馈，帮助教师发现自身的不足并加以改进。此外，还可以通过设立优秀教师奖励、教学成果展示等方式，表彰那些在协同育人工作中表现突出的教师，从而形成良好的教育氛围。

教师是学校发展的根基，提升教师的专业素养和团队协作精神，始终是学校工作的重中之重。为了实现这一目标，学校采取了多项措施。首先，致力于培养教师的阅读习惯。倡导"好读书、读好书"的理念，并在每学年组织丰富多彩的读书活动，如"研读三本书""阅读分享沙龙"和"微信读书汇"等。通过这些活动，教师们不仅提升了对新时代教育理论的理解，还基本掌握了教育教学改革和发展的新动向。其次，通过比赛来促进教师的培训。例如，学校每学年举办"全学科赛课"和"骨干教师示范课+青年教师达标课"等活动。通过这些比赛和展示课，推动了课堂教学改革的深入发展。随着这些活动的不断推进，教师们在讨论中碰撞出思维的火花，分享彼此的经验，观摩的教师通过观察他人的课堂来反思自己的教学实践，从而提升了教育理念，改进了教学方法。再次，创新了常规的教研活动。学校重视教研组的建设，根据每位教师的专业特长和个人兴趣，教导处统筹安排每位教师在本学期的专题发言内容。每周定时在各教研组内进行，有效解决了一个又一个教学问题。通过这种方式，教师们在教研活动中扮演了主角，充分展现了他们的主体地位，增强了教研组的活力。最后，致力于提升教师的业务技能。全体教师坚持每日进行"三笔字"打卡练习，学校定期举办板书设计比赛。通过长期的努力，教师们对板书设计有了新的认识，课堂板书变得更加美观、精巧和有效。

通过这些措施的实施和落实，学校教师队伍成长迅速。近期，攀枝花市第九小学在攀枝花市东区第八届课堂教学改革大会中荣获团体一等奖；杨荣花老师参加展示课《骰子中的数学》的解读反思环节荣获一等奖。学校教师积极学习新课标，深度钻研教材，在省、市、区各级各类竞赛活动中共计获得省级奖项4次，市级奖项2次，区级奖项21次。

（五）鼓励家长参与，提高家庭教育水平

攀枝花市第九小学一直以来都将习惯养成教育视为一项极其重要的工作。所以在家校协同教育中，强调共同培养学生良好的习惯。根据学校的具体情况以及学生在日常生活中所暴露出的各种问题，特别将行为习惯养成教育作为"同心课程"的核心课程之一，并且有条不紊地实施了一系列"微习惯"养成专题教育活动。科学研究表明，一个行为习惯的养成至少需要经过连续21天的不断训练。基于这一理论，我校每个月都会精心策划并开展一个"微习惯"养成专题教育活动。例如,举办了"仪容仪表我最亮""精彩课间,文明有序""课前准备,我最棒""站如松,坐如钟"以及"整理小能手"等多个"微习惯"养成专题教育活动。学校通过晨检、"微习惯回头看"、评比等多种方式,持续不断地推进"微习惯"养成教育工作。在课堂教学中,注重将"微习惯"养成教育融入日常教学活动,规范学生的行为习惯。同时和家长进行持续沟通,掌握学生在家的实际情况。通过检查评比来促进学生良好习惯的养成,并在持续的努力中巩固习惯养成教育的成果。

(六)利用信息技术,创新协同方式

在快速发展的社会中,信息技术的飞速进步为各行各业带来了前所未有的变革和机遇。特别是在教育领域,创新协同方式显得尤为重要,极大地提升教育质量和效率。为了创新校家社协同的方式并提高协同育人的效率和质量,需要充分利用现代信息技术手段,适应这个信息化时代的需求。

攀枝花市第九小学联合"学乐云"利用互联网和大数据等技术手段建立校家社协同的信息化平台,实现信息的即时传递和共享以及数据的分析和挖掘等功能。通过"学乐云"平台,家长、教师和学生可以实时获取最新的教育信息和资源,从而更好地进行教育活动。例如,家长可以通过"人人通空间"及时了解学生在学校的表现和学习进度,教师也可以利用平台发布作业和通知,学生可以提交作业和参与讨论。这样不仅提高了信息传递的效率,增强了各方之间的互动和沟通,还使得教育活动更加灵活和高效。最后,通过分析大量的教育数据,可以发现教育过程中的问题和规律,从而提出针对性的改进措施。例如,通过分析学生的学习数据,教师可以更好地了解学生的学习情况,从而制定个性化的教学方案。通过这些先进技术的应用,校家社协同的方式将更加科学和高效。

五、结束语

校家社协同育人是实现教育高质量发展的关键。通过不断优化协同策略，可以有效解决存在的问题，促进学生全面发展，为社会培养更多优秀人才。通过携手合作，共同为学生营造一个更加和谐的教育环境。

参考文献

[1] 陈飞.小学人工智能课程家校社协作体系的构思与实施[J].教学与管理，2024（23）：27-30，34.

[2] 王薇.家校社协同，构建劳动育人"优生态"：山东省实验小学生态劳动教育纪实[J].环境教育，2024（6）：127.

[3] 马昱含，贾国旭，景玉凤，等.家校社"三位一体"协同育人现状调查研究：以C市小学为例[J].赤峰学院学报（自然科学版），2024，40（5）：82-86.

[4] 王静，姚良超，杨颖.家校社协同共育视域下的小学劳动教育专题网站设计与开发[J].玩具世界，2024（2）：226-228.

[5] 吴静，徐剑鸥，吕妃，等.家校社合作在小学生营养教育中的困境及对策：基于交叠影响域理论[J].实用预防医学，2023，30（11）：1401-1404.

[6] 叶影，叶洋滨."双减"背景下家校社协同开展小学科学教育的思考：以浙江省科技馆为例[J].自然科学博物馆研究，2023，8（4）：50-58.

落实校家社协同育人，合奏学生成长乐曲

攀枝花市第一小学　刘砾骐

习近平总书记在中共中央政治局第五次集体学习时强调，学校、家庭、社会要紧密合作、同向发力，积极投身教育强国实践，共同办好教育强国事业。学校、家庭和社会是孩子成长成才的三大重要环境，共同承担起培养孩子综合素质的责任，只有三者协同合作，才能实现最佳的教育效果。在这种模式下，校家社协同育人的重要性日益凸显，学校、家庭和社会各方形成一种有机的教育合力，促进教育强国建设，共同培育新时代好少年。

一、校家社协同育人的背景

校家社协同育人的模式顺应时代的要求，能更好地促进少年儿童健康成长，有利于培养他们良好的行为习惯。攀枝花市第一小学深入贯彻习近平新时代中国特色社会主义思想，扎实落实教育部等十三部门联合印发的《关于健全学校家庭社会协同育人机制的意见》，充分发挥学校的主导作用，确定协同育人的主要内容，探索协同育人的路径，积极推动校家社协同育人，优化育人环境，培养时代新人。

二、校家社协同育人的主要内容

（一）协同习惯养成

家庭教育习惯养成比学习本身更重要，有了良好的习惯，孩子的学习就有了"能力上的支撑和保障"。习惯的养成不仅仅靠学校老师的教育和社会环境，家长的言传身教更为重要。

【活动案例】

教育家叶圣陶先生说："教育是什么？往简单方面说，只有一句话，就是养成良好的习惯。"为了强化小学生的规则纪律意识，创建文明和谐的校园环境。攀枝花市第一小学德育处自10月开始，开展"一周一主题"行为习惯养成训练。

为了让行为习惯形成常规化、标准化、系列化的德育活动，我校师生在德育处的策划下，根据主题选择校园、教室、操场等地拍摄系列活动示范小视频。为了培养学生有序排队到功能室上课的意识，避免拥堵推搡而发生踩踏等安全事故。德育处第一周训练主题为"室内列队"。经过一周，在班主任老师的训练和各科任老师的配合下，我校各班已经形成室内列队、有序排队去功能室上课的习惯，改变了往日喧嚣无序的现象。

"万丈高楼平地起"，良好的行为习惯不可能一蹴而就，那就从"千里之行始于足下"开始，从每一个习惯做起，在点点滴滴中落实提高。

（二）协同品德教育

良好的品德能够使人在社会中更加和谐相处，对人的全面发展至关重要。我国古代不乏"孟母三迁""断机教子""岳母刺字"等家庭对孩子品德教育的故事。家庭教育涉及很多方面，但最重要的是品德教育，是如何做人的教育。比如：打扫卫生对刚入校的小学生来说，是一个不小的难题，老师要求他们热爱劳动，不怕脏，不怕累，教他们学会扫地，自己的事自己做。家长应该配合学校，在家里也让孩子学会主动扫地、擦桌子、摆桌椅，培养孩子的劳动习惯和劳动能力。再如：小学生正是集体荣誉感形成的时期，这个时期老师要教育学生时时处处为班集体着想，为学校着想。如上学不迟到、不早退，上课遵守纪律，认真听课，按时完成作业，集会时做到快、齐、静，等等。家长应积极地支持学校的教育活动，密切配合老师，共同教育好孩子。另外，公共场所的秩序规则对小孩子同样有效，在电影院、图书馆、餐厅、车站等地，先来后到、勿大声喧哗、不乱扔垃圾、爱护公物等社会公德，孩子们也需要遵守，不能因是小孩子而特殊。这样，学校、家庭、社会三方协同，约束孩子的行为，加强孩子的品德教育。

【活动案例】

整整齐齐叠被　规规矩矩做人

为了增强小学生的生活自理能力和自我管理意识，培养其从生活中力所能及的小事做起，养成良好的生活习惯，攀枝花市第一小学组织开展了"叠被子比赛"。

在尹指导员的指挥下，攀枝花市东区攀枝花大道消防救援站的指战员们，迈着整齐有力的步伐走进活动现场。消防员的突然现身，赢得孩子们的一阵阵尖叫欢呼和热烈掌声。"有样学样"！孩子们看着操场上的指战员们，不由自主地挺直了胸膛。尹指导员在讲话中，希望孩子们通过此次活动，学会的不仅仅是生活技能，更要养成生活中的好习惯、好作风。在德育副校长的主持下，"叠被子比赛"拉开序幕。她走到每个年级，随意选中几个学生代表，随着一声哨响，第一轮比赛开始了！场上比赛紧张有序，场下加油声震耳！看似简单的事情，做起来却还是有些困难的。在点评中，德育副校长表扬了被子叠得又好又快的同学，同时鼓励在家不做家务的同学从叠被子、整理书桌这些小事开始，养成"自己的事情自己做"的好习惯。

轮到消防员上场啦！同学们又兴奋得"飞"起来！自带的蓝被子不一会儿就被叠成了方正的"豆腐块"。同学们情不自禁地发出阵阵喝彩声！有同学说，是不是军营的被子要硬一些？在消防员的手里这个根本不是问题！小花被拿来，一样服服帖帖、有棱有角！还没有看够吗？没关系……同学们兴致勃勃地跟消防员一起学起来！

在活动总结中，德育副校长说：在军营，老百姓眼里简单的内务其实体现的是军纪、军容、军风。只有听指挥的部队才能打胜仗。而在学校，老师培养学生良好的学习和生活习惯，也不仅仅是要求大家学会一项技能，而是希望同学们借此提高个人修养，树立劳动观念，强化家庭责任感，共同建设良好的学风和校风。

（三）协同心灵呵护

儿童的心理和心灵是美好的，但又是非常脆弱的，需要学校、家庭和社会共同滋养和呵护。儿童一旦出现心理问题，更需要学校、家庭和社会共同关爱。家长应当倾听孩子内心的声音，给予他们足够的关注和爱护，让他们感受到安全和温暖。接受孩子的个性特点，给予他们自由表达的空间，培养他们的自信心和自尊心。鼓励孩子树立目标，达到目标就给予他们适当的奖励和肯定，帮助他们培养积极向上的心态。与学校加强沟通，密切关注孩子的情感需求，及时发现并解决问题。针对孩子可能面临的困扰和压力，提供情感支持和心理疏导，帮助他们建立积极健康的心理状态。比如：寒暑假期间，家长多数要上班，很多社区就开设了托管班，由各类志愿者协助社区照管这些孩子，辅导孩子假期作业、做小游戏、组织体育活动、学习制作手工等，让孩子们能够过个充实而有意义的假期。

【活动案例】

多方联动抵制欺凌　护航心灵助力成长

——市一小"周四面对面"沙龙活动

为切实维护校园持续安全稳定，有力保障广大学生安全，从源头上预防和遏制校园欺凌事件发生，攀枝花市第一小学联合多方力量，邀请家校警社代表走进"周四面对面"沙龙活动，讨论如何"多方联动抵制欺凌　护航心灵助力成长"。

参与本次活动的有我校四、五年级的家长代表，还有党支部书记、校长、专职副书记、德育副校长、校长助理、总务主任、负责学生安全工作的老师以及学校心理健康教育负责人。邀请到会的嘉宾有炳草岗派出所柴副所长和王警官，红星社区负责综合治理的毛委员和负责共青团工作的徐同志，东区教育局基础教育股杨干事。本次活动由校长助理敬老师主持。

毛老师就学校开学初针对全校同学开展的心理健康排查情况向大家进行汇报。她说根据本次排查结果的分析可知，在假期里绝大多数的同学心理健康，只有少数同学在人际交往、性格脾气、学习等方面有困惑、有困难，从而导致出现了轻微的心理问题。对于排查结果，毛老师表示心理健康工作室的老师们将结合"悄悄话信箱"里的内容，采用个人预约谈心、家校携手等多种形式对学生们反映的问题及时进行疏导。

如何关注孩子心理健康，保护孩子，预防欺凌？家长们畅所欲言。有的家长谈道："父母是孩子的人生导师，犯错的孩子背后多有父母的纵容。平时要多关注孩子阅读的书籍是否有血腥、暴力、趣味低级等不良内容。帮助孩子建立稳定的人格，形成正确的'三观'。"有的家长针对孩子年纪小、对人性的善恶区分不明晰的情况说道："家长要帮助孩子做好筛查，帮助孩子捋顺周围环境，及时关注孩子的情绪，及时沟通，给孩子足够的爱。"有的家长结合自己的经验给现场家长支招："家长要了解孩子睡觉是否安稳？睡前可与孩子交流当天的见闻，如果发现异常情况，及时解决，做好睡前疏导，从小事关注孩子。"

学校德育副校长向大家介绍了学校法治安全教育、心理健康教育等工作的开展情况。我校长期与警校共建单位、街办社区保持良好的共育关系。对学生常态化开展"1530"安全警示教育，以此全面提高师生安全防范意识和自护自救能力。同时，学校及时利用大课间等集会时间，向同学们传达学校对待欺凌现象的零容忍态度，教他们遇到类似现象如何向父母、老师、警察求助。学校的承诺给了孩子们足够的安全感。下一步，学校将继续加强法治安全教育和心理健康疏导工作，积极联合警校共建单位和社区，在家长的配合下教孩子远离欺凌，做一个知法、守法并且会利用法律保护自己的新时代学生！家校配合，教会学生敢于向欺凌现象说"不"！帮助孩子树立正确的生命意识。加强亲子沟通，和孩子共情。多一些倾听，少一些判断；多一些建议，少一些指责；多一些理解，少一些灌输。多方位评价孩子，不要只盯着成绩。要让孩子对法律有敬畏之心，但同时也要有求助意识。当自己受到危险时懂得及时求助他人！

柴副所长首先对社会上有些家长的过激发言进行了纠正。同时从法律层面，定义了校园欺凌现象——"发生在学生之间，一方蓄意或恶意通过肢体、语言及网络等手段实施欺压、侮辱，造成另一方人身伤害、财产损失或者精神损害的行为。"接着为家长们普及了《未成年人保护法》《民法典》《治安管理处罚法》和《刑法》关于欺凌现象的处理办法，让家长和学校向学生传达一个信息——清楚欺凌的法律后果和危害程度，让孩子做到不参与、不协作、不附和、不当旁观者。清晰明了的普法讲座让家长们受益匪浅。

徐同志从社区的角度出发，针对学生的课余时间、寒暑假多集中在社区，会开展相应的志愿活动，多关注孩子的动态，配合学校开展法治宣传教育。利用基层力量，推进对未成年人的保护措施。

杨干事结合自己的带班工作和大家交流道："多方联动，关注欺凌事件的参与双方——欺凌方和被欺凌方。正确界定'玩笑'，重视欺凌现象的隐蔽性，重视体育锻炼。家长要对潜在被欺负对象尤其是性格胆小的孩子予以主动关心，主动谈心。科学认识学生的心理问题，降低病耻感。合理看待欺凌事件双方的心理，树立正确意识，不做欺负他人的人，不要被他人欺负，保护好自己！"

学校专职副书记和大家交流了颇有深度的四个字，分别是"防""境""度""法"。防范欺凌事件发生，勿以恶小而为之；创建安全和谐的环境，营造积极健康的氛围；把握处理矛盾的尺度，不能因噎废食，正确看待问题，不升级事件；拿起法律武器，保护自己的合法权益，共同为孩子撑起健康成长的蓝天。

孙校长对本次活动做了总结性发言：为了孩子的未来，多方达成共识。面对问题时，找到正确的办法和途径，防止恶性事件的发生。理解孩子，共情孩子，关注孩子情绪。家长要正确引导孩子认识不良事件，关注孩子结交的朋友，防止交友小团体的出现。家长要及时和班主任沟通学生出现的任何异常情况。学校后续将继续推进心理摸排工作和其他常态化工作，依托心理健康工作室，选择积极向上的上学放学音乐，营造舒心的学习环境，将心理健康教育作为学校工作的重中之重，争取各方力量，为学校每一个孩子的心理健康护航。多方携手共建，为学生健康成长铺好路。孩子的心理健康是我们共同关注的焦点，这项工作需要学校、家庭和社会共同参与。通过本次活动的开展，三方合作更加密切，通过多方联动，共同抵制欺凌，愿每一个孩子健康成长，拥有美好的明天！

（四）协同亲子教育

家庭教育从某种意义上说就是一种关系教育，或者说是借助良好的亲子关系这一中介进行的。家庭教育强调陪伴是最好的教育，但亲子沟通不是简单的亲子对话，更不是僵硬、死板的说教，良好的亲子沟通、最好的陪伴都是在有意义的亲子活动中实现的。比如：共读一本书、开展家庭会议、组织春游、同看一场电影、做深度交流、同打一次球、跟着父母去上班等，孩子在民主温馨的家庭氛围中，感受到归属和价值，让孩子看到家长对自己的付出和支持。这些活动的开展有利于亲子关系的培养，学校、家庭、社会形成合力，协同育人，优化教育。

【活动案例】

体验生活　感恩父母
——"跟着父母去上班"职业体验活动

"知之愈明，则行之愈笃。行之愈笃，则知之益明。"为丰富同学们的成长经历，牢固树立"劳动最光荣"的思想观念，理解劳动价值、珍惜劳动成果、尊重劳动者，增强社会责任感，"五一"期间，攀枝花市第一小学的同学们跟随父母走进职场进行职业初体验，深入了解、体验父母的工作环境、工作内容，在不同的岗位上体验社会价值。

（五）协同学业安排

"双减"之后孩子的学业安排，学校和家庭必须强化协同。家长要指导孩子科学选择学校提供的课后服务课程，还要安排孩子的家庭教育任务。阅读是每个孩子一生中至关重要的学习工具，它也带给孩子无尽的心理力量。家长要培养孩子的阅读习惯，打造良好的阅读空间，和孩子一起阅读，激发孩子的阅读兴趣。在日常生活中，培养孩子的时间观念也非常重要。父母以身作则，给孩子做榜样。比如在规定时间内完成作业；和孩子一起商量制订计划表，根据计划表安排完成相应任务；让孩子养成良好的作息习惯，学会自我管理。

【活动案例】

孩子的"微习惯"养成记

在阅读方面，我和孩子一共经历了三个阶段。

第一个阶段是2021年10月至12月，也就是孩子刚进入小学时。开学第一个月，班主任老师就在班级群里多次向家长们强调帮助孩子养成阅读习惯的重要性。这时我发现孩子还是像幼儿园那样，只愿意读绘本类、漫画类的课外书，纯拼音文字的课外书不太愿意读。因为有很多字不认识，并且一年级刚开始学拼音，遇到生字拼得磕磕绊绊，所以课外阅读对他来说很痛苦。开学第一个月结束后，我做了一个小小的改变，从10月1号开始，一直到12月底，整整三个月的时间，每天不间断地陪他亲子阅读。我的亲子阅读方法是：他愿意自己读的时候就自己阅读，他读累了，换我读给他听，读的时候，我会用手指轻轻滑过所读的字，让他对生字混个眼熟，每天我们俩一起坚持阅读30分钟。三个月以后，我发现他的识字量提上来了，可以自己独立阅读了。

接下来进入第二个阅读阶段。第二个阅读阶段是2022年1月到3月，这三个月严格来说也是我和孩子的试错期。我以为他可以独立阅读了，我就可以选择放手了，也就不需要再陪伴了，所以让他自己去完成阅读。每天晚上到了阅读时间，我会提醒他该去阅读了。提醒之后他也会去阅读，但是中间很不顺利，因为一年级的孩子专注力还不够好，在家里更是随意。当他阅读十分钟的时候，就觉得过了很长时间，不停地问：妈妈，半个小时到了吗？再或者是，一会儿想吃水果，一会儿想去上厕所……花式磨洋工的状态从一月份持续到了三月份（其中有一个月是寒假，更是散漫）。这期间我对他的阅读陪伴是断断续续没有规律的，时间充裕时，我就陪在他身边，我们各自阅读，没有时间时，就放养让他自主去阅读，我当时想着反正他已经认识较多字，可以独立阅读了。一直到了三月份，也就是一年级下学期开学后不久，我发现他的阅读效果很不理想，好像是在完成任务似的，无法享受阅读。那个时候我开始觉醒改变，我觉醒的方式是他阅读时我也阅读。此时孩子的阅读进入了第三个阶段，一直持续到今天。为了鼓励孩子，孩子每读完一本书，我都会帮他记录下来，孩子看到这张目视化记录表，特别有成就感。

三、校家社协同育人的路径

（一）建立协同育人的长效机制

（1）沟通合作机制校家社协同育人在实施过程中需要建立有效的学校、家庭和社会之间的沟通机制。学校在此过程中应积极主动地与家庭和社会保持沟通与互动，加强校家社三方之间的联系与合作；定期组织家长会、座谈会、家访等，加强学校与家长的沟通，了解学校的教育教学情况，以便更好地配合学校的教育工作；设立家长信箱、在线咨询等渠道，方便家长反馈意见。

【活动案例】

直面青春期　智慧做父母

为了促进家校协同发展，帮助毕业班学生顺利走过青春期，平稳过渡小升初，本学期攀枝花市第一小学继续推行"周四面对面"沙龙活动。本次活动邀请了六年级的家长代表，围绕"直面青春期　智慧做父母"主题开展了交流和沟通活动。

活动由学校德育副校长主持。她说：情绪管理是现代人的必修课，情绪稳定的父母，才能养育出情绪稳定的孩子；积极向上的老师，才能培育出快乐健康的学生。老师和家长们都要正确认识情绪、觉察情绪、管理情绪，做情绪的主人，在孩子成长的过程中，家校共同搭建一个稳定积极的情绪氛围，助力孩子更好地成长。希望大家在今天的沙龙活动中各抒己见、信息互补，最终达到家校同心、携手前行的目的。

轻松愉悦的氛围中，与会者纷纷打开话匣。有的家长说："孩子会因某些不会做的题、完成不了的事儿突然发脾气。"有的家长说："怎么孩子越大还越懒惰了，总以各种借口推脱家务活儿。"有的家长说："孩子从上五年级开始，就明显跟自己没有话说了。"还有家长说："孩子有秘密不愿跟父母分享，看不懂他们的喜怒哀乐了。"……针对这些话题，老师们请家长们先互相支支招、想想法。一番热烈的交流辩论后，主持人建议家长们教育观点求同存异，因材施教。

最后，学校与家长沟通，在全面推进素质教育的今天，单靠学校改革、教师培训是远远不够的。面向新时代，培养全面发展的人才，学校一直以来以《中共中央 国务院关于进一步加强和改进未成年人思想道德建设的若干意见》为指导，积极构建学校、家庭、社会一体化的教育体系，增强三方间的有效沟通，促进学校教育工作健康有序地发展。希望家长代表们能继续和学校共同关注孩子的成长和发展，为学校的发展出谋划策、贡献力量。

（2）定期或不定期举办社会实践活动，家长应积极支持学生参加学校组织的各类活动，促进学生的全面发展。而社会则应为学校和家庭提供支持和援助，为学生提供更广阔的发展空间和更多的实践机会。如三方共同组织学生参观博物馆、纪念馆、消防队等活动。让学生了解相关知识，开阔眼界，提高学生社会实践能力，增强社会责任感。这种学校、家庭和社会三方良性互动的机制能够为学生提供更加丰富多彩的成长环境，实现资源共享和优势互补。

（3）开展志愿者培训并组织开展志愿者服务活动。学校可联合家庭、社会多渠道、多方式开展志愿活动，通过活动参与、宣传、管理等，激发学生的社会参与意识，弘扬志愿精神，培养社会责任感。可以结合节日或时事活动，如清明节、重阳节、全国交通安全反思日、世界读书日、世界卫生日等，开展相应的宣传、劳动、服务等活动。

【活动案例】

防范青少年药物滥用

为进一步加强学校禁毒宣传教育工作力度，普及毒品防范知识，增强学生的禁毒意识和自觉抵制毒品危害，攀枝花市第一小学开展"6.26禁毒宣传教育"系列活动。今年禁毒日的主题是"防范青少年药物滥用"。

2024年6月19日，我校德育处邀请东区禁毒大队刘警官、吴警官走进校园，为毕业生做禁毒知识讲座。吴警官根据学生心理特点和对毒品的认识能力，从毒品的特征和种类、毒品对人类尤其是青少年的危害以及如何抵制毒品的侵害等方面详细地介绍了有关禁毒方面的知识，并通过一个个真实生动的案例形象地告诉同学们一定要珍爱生命，拒绝和远离毒品。

此次活动，从小学生教育入手，注重禁毒教育宣传的时效性，学校在课余时间还会组织全校师生参观禁毒教育基地，同学们通过一系列直观的教具，对毒品的危害有了更加深刻的认识。禁毒教育不止于"6.26"，我校将持久深入开展禁毒宣传教育活动，教育青少年自觉远离毒品、坚决抵制毒品侵蚀。

（4）邀请社会专业人士和有专长的家长进校为学生提供丰富的课外知识，共同参与学生成长成才的过程。学校可以有针对性地开设专门的"不一样的课堂""欢妈乐爸进校园""别样亲子活动"等，了解有趣的课外知识，听爸爸妈妈给我们上课，与父母一起参加亲子活动。不仅能拓展学校课程，也为学生成长搭建了更广阔的平台，构建了温馨和谐的亲子关系。

【活动案例】

欢妈乐爸进校园

为深化教育理念，将家庭教育的优势与学校教学资源相结合，打造协同育人共同体，攀枝花市第一小学紧跟社会的发展与科技的进步，不断创新家校合作方式。从传统的家长会和家访，发展到利用现代信息技术手段进行实时交流；从简单的学业关注扩展到对学生情感、社交及心理健康的全面关怀；从单一的老师授课到更多的家长进课堂。通过创新的合作模式，实现资源共享，优化育人环境，最终达到助力每一位学生健康成长，发挥其最大潜能的目标。

活动期间，来自不同职业、不同领域的家长"老师"们相约校园，走上讲台，用自己的专业知识和实践经验为孩子们推开一扇扇新的窗户，带领孩子们看见不一样的美好。

（二）建立科学的管理运作机制

校家社协同育人要充分发挥各方的作用，协同推进学生个性化发展和全面成长的目标。

（1）完善协同育人的保障机制，政府部门有相关政策，为校家社协同育人提供法规、经费和保障体系上的支持，学校、家庭和社会应根据相关政策，建立相应的协同育人工作制度和规范，并严格执行。这需要相关部门、学校、家庭和社会齐心协力，形成合力，使政策真正落地生根，为协同育人提供有力的保障。

（2）建立专门的协同育人工作机构，明确组织结构和职责分工，指导各方配合共同开展协同育人工作。同时，学校制定专门的协同育人工作计划，详细规划各项协同育人工作的具体内容和目标，并逐步推进。如学校可与交警队建立长期协同育人机制，双方规划协同育人工作，制定计划、内容、目标，并严格按照计划履行责任，坚持开展好各项活动，确保协同育人工作有序进行。

校家社协同育人是落实立德树人根本任务的重要途径，我们相信，只要校家社三方协同合作，切实落实育人内容，有较完善的机制保障，定能让校家社形成教育合力，助力学生多方面发展，成就多彩人生。

做好家校协同育人 推动教育高质量发展

攀枝花市十九中小龙箐学校 张秋云

　　攀枝花市第十九中小学校始建于1965年初春，1994年秋创办攀西地区第一所外国语特色学校，经过30余年的艰苦探索，已成为攀西地区最大规模的外国语特色学校。根据国家教育改革发展的需要，攀枝花市东区人民政府签订的调整优化合作办学模式协议，攀枝花市成都外国语学校（简称"攀成外"）2023年秋季学期停止招生，攀枝花市第十九中小学校进驻攀成外，新校区命名为攀枝花市十九中小龙箐学校，公办学校面对民转公，在教育管理上面临很多困难。其中小学大部分学生因为从一年级就开始住校，很多生活及学习上的问题得不到及时疏导和解决，长此以往，暴露出一些心理问题，表现在学习主动性不高，行为随意性大。为了解决这些问题，攀枝花市十九中小龙箐学校领导班子多次开展专题研讨，组织学习研究国家方针政策，学习其他地方一些民转公的成功案例，学校决定将家校协同育人作为切入口，推动学校教育发展。

一、明确家校协同育人的目标

　　家校协同育人，作为一种现代教育理念，其核心在于构建家庭与学校之间紧密合作、相互支持的教育共同体。它强调家庭与学校在孩子成长过程中的同等重要性和不可替代性，主张通过双方的有效沟通与协作，共同承担起促进学生全面发展的责任。学校希望通过加强家校间的信息共享、情感交流和资源共享，实现教育内容、方法和手段的互补与融合，从而促进学生德智体美劳全面发展，培养其成为具有社会责任感、创新精神和实践能力的新时代人才。学校结合实际，在协同育人方面确定了以下几个核心目标：

增进家校沟通与理解：首要目标是建立稳定、高效的家校沟通机制，确保家长与学校在教育理念、学生发展、学习进展等方面保持高度一致，增进双方相互理解和信任，形成教育合力。

促进学生全面发展：家校携手，共同关注学生的德智体美劳全面发展，不仅重视学业成绩的提升，更关注学生心理健康、兴趣爱好、社会实践及创新能力等多方面的培养，助力学生成为具有社会责任感、创新精神和实践能力的时代新人。

优化教育资源整合：通过家校协同，有效整合家庭与学校的教育资源，包括家长的职业、社会资源与学校的师资力量、教学设施等，实现资源共享、优势互补，为学生提供更加丰富多元的学习体验和成长环境。

强化家庭教育指导：加强对家长的家庭教育指导，提升家长的教育素养和科学育儿能力，帮助家长掌握正确的教育方法，与学校教育形成良性互动，共同营造良好的家庭学习氛围。

建立评价体系与反馈机制：构建科学合理的家校协同育人评价体系，定期评估家校合作成效，及时收集家长、学生及教师的反馈意见，不断调整和优化协同育人策略，确保教育目标的有效达成和持续改进。

二、探索家校协同育人的实施路径

（一）构建家校沟通的有效渠道

家校协同育人的基石在于建立畅通无阻、高效互动的沟通渠道。为了保证家校之间的沟通顺畅，学校首先考虑的就是搭建家校沟通平台，如微信公众号、校园APP、在线家长会系统等，确保信息传达的即时性与广泛性。这些平台能够发布学校通知、教学成果、学生表现等关键信息，还能为家长提供反馈渠道，促进双向交流。

其次，定期举办家长会与家访活动，通过家长会分享先进的教育理念，鼓励家长参与学校决策过程；家访则能深入了解学生家庭环境，为个性化教育提供支持。

此外，建立家校联络员制度，每班指定教师作为家校沟通的桥梁，负责日常信息的传递与问题的协调解决，确保沟通渠道的畅通无阻。同时，鼓励家长志愿者参与学校活动，如校园安全监督、文化活动策划等，通过实际行动加深家校联系，共同为孩子的成长保驾护航。

通过上述措施，构建多元化、立体化的家校沟通渠道，提升沟通效率，增强家校间的信任与合作，为家校协同育人奠定坚实基础。

（二）共同参与学生教育规划

在家校协同育人的框架下，共同参与学生的教育规划是深化合作、实现个性化教育的重要途径。这一环节强调家庭与学校之间建立紧密的联系机制，共同为学生的全面发展绘制蓝图。

学校通过定期的家校沟通会议深入交流学生的兴趣爱好、学习状况及心理动态，通过信息整合共同制定符合学生个性特点的学习与发展计划。过程中，家长积极参与讨论，分享家庭期望与观察，学校则提供专业指导和资源支持，确保规划的科学性和可行性。

另外，鼓励家长和学生一起参与教育规划的制订过程，培养他们的自我认知与规划能力。通过设立"学生成长档案"，记录学生的成长轨迹与成就，让学生成为自己教育旅程的主动规划者，增强了学习的内在动力。

（三）实践活动中的家校联合

家校协同育人的实施路径中，实践活动作为桥梁，有效促进了家庭与学校的深度融合与互动。在这个过程中，学校通过丰富多彩的实践活动，搭建家校共育的广阔平台。如学校定期举办"亲子共读日"，让家长与孩子共读一本好书，分享阅读感悟，增进亲子关系的同时，培养孩子的阅读兴趣与习惯。此外，开展"家庭—学校互访日"，让家长走进校园，参与课堂观察、师生交流会等，直观了解孩子在校表现。

另外，学校还组织"社会实践亲子行"，如志愿服务、文化考察等，让家长与孩子携手参与，共同体验社会、服务他人，在实践中培养孩子的社会责任感与团队合作精神。这些实践活动不仅丰富了家校协同育人的形式，更在潜移默化中促进了学生综合素质的全面提升，为教育高质量发展注入了强劲动力。通过这些实践活动，家校之间建立了更加紧密的联系，形成了教育合力。

（四）针对性的家长培训与指导

在家校协同育人的框架下，提升家长的教育素养与参与能力至关重要。主要措施包括：

1. 主题家长会

成长主题课程是面向全体家长，围绕全面提高全体家长的育人艺术展开，对家校合作的育人概念、育人方法、育人理念等进行宣讲。我们借助家长会、讲座等载体，以每个年级为单位，选定一个主题，时间定为第二学期期中考试结束后进行培训，参会人员为全班学生家长，争取全员参与，主题家长会以提升家长的育人艺术、育人认知、育人思维为己任，力争在全班家长心中得到普及。主题家长会是改变家长育人观念的基础，更是提升家校合作共育的保障。

2. 经验分享会

以班级为单位，每学期定期推荐家长阅读育人书籍，提炼育人故事，学习先进的育人理念，开展育人读书交流会、家教经验分享会等，促进家长不断学习、提升。同时，每学期会根据家长阅读育人书籍的情况进行评价，并由家长选择优秀的育人篇章进行演讲，全体家长共同学习，增加家长间的互动与交流，共享育人心得，互帮互助、共同进步。

3. 每周一次"一对一"咨询

针对突发的家庭教育问题、个别家长的需求，我们每周固定时间（一般为每周五14：00—16：00）固定地点（学校心理咨询室）接受家长咨询。家长可以根据开放的时间、地点，就孩子的教育问题或其他问题到学校找值班专家、教师进行一对一咨询。我们开放的咨询服务窗口为家校合作共育开辟了新的道路，很好地规避了因家长工作时间不允许而导致的培训缺失的问题，这一举措也是为了让家长时刻关心孩子的整体状况，将更多的爱赋予孩子，出现问题可以及时得到解决，尤其在面临突发状况的情况下可以迅速地进行处理，提升了处理问题的效率，解决了家长的疑难问题，加快了育人进程。

4. 每月一次"菜单式"沙龙

学期初，根据家长的个性需求确定并公布本年级家长沙龙的内容，家长结合自己家庭的实际情况，选择与自己相关的主题申报，在每月最后一周固定时间进行学习，每次沙龙人数限定，先报先得。家长课程培训体系的创建是所有家长提出的问题和家长的个性化需要的整合，课程体系包含了所有可预见和不可预见的问题，力争做到内容的全面性，全面解决家长的个性化需求。另外，出于场地、人数、时间等不确定性因素的制约，家长可以根据课程体系内容，选择适合自己的内容进行申报，目的是让家长在育人缺失方面得到全面的提升，避免出现占用资源的现象，影响家长课程培训的进度和效果。

通过上述策略，提升了家长的教育素养，增进了家校间的理解与信任，共同为孩子的全面发展营造更加和谐、高效的教育环境。

三、家校协同育人的评估

在家校协同育人的实践中，学校制定了一套科学、全面、可操作的评估体系。该体系以学生全面发展为核心，融合学业成绩、品德修养、身心健康、社会实践等多维度指标，确保评估的全面性与公正性，每学期期末会利用问卷调查、访谈、观察记录等多种方法收集数据，确保信息的真实性与丰富性。学校会对收集到的反馈信息进行科学分析，采用定量与定性相结合的方法，对数据进行统计分析，识别家校合作中的亮点与不足；同时，深入解读访谈记录和观察笔记，挖掘背后的原因与动机。特别关注家长参与度、学生成长变化、教师合作意愿及学校支持体系等方面的反馈，以全面评估家校协同育人的实际效果。

针对发现的问题，学校采取具体措施进行调整。例如，优化家校沟通平台，利用现代信息技术手段，如微信群、家校APP等，增强家校互动的即时性和有效性；设计更具吸引力的家校共育活动，结合学生兴趣与成长需求，提升家长与学生的参与度；同时，加强教师培训，提升教师在家校合作中的引导与组织能力，确保协同育人的专业性和实效性。

在家校协同育人的框架下，学校不仅关注阶段性成果的总结，更需注重过程的持续优化与调整。通过定期的家校沟通会议、学生发展报告以及教师家访等形式，深入了解学生在家庭与学校环境中的实际表现与需求变化，及时调整教育策略。

四、家校协同育人的效果

家校协同育人给家长的思维、视野、行为带来了很大的变化，改变了育人的方式方法，对学生的核心素养培育问题更加重视，对学校组织的各项拓展活动所表现出来的积极性逐渐增高，家校协作共育的氛围有了明显的改善，同时，在家校共育思想的主导下，学校育人生态得到了优化，从而使学校教育全面提升，学生核心素养大幅度提高，达到了预期的效果。

（一）家长教育理念得到优化

通过家校协同教育的实施，家长的素质和教育水平得到了明显提高，大多数家长能领悟到爱孩子的真谛，对下一代的关爱教育的思想已逐渐形成，家长自我反思的意识逐渐增强，能够感知育人艺术的重大意义，在营造和谐的家庭关系方面充分体现人文思想，进而有效提高了育儿能力。

（二）学生精神面貌发生变化

家长的积极改变，不断革新思想，为孩子的成长构建了更加温馨的学习和生活环境。家长们不再一味地把自己的思想强加在孩子身上，而是开始注重孩子的内在需求，减少孩子的心理压力，促进孩子健康发展。由此，孩子的心灵得到了护佑，他们变得更加自信与活泼，在潜移默化中提升了素养，精神面貌也朝着健康阳光的方向发展。

（三）家校合作意识逐渐淡化

家校共育，开拓了家长的育人视野，推动了合作育人的进程。家长们在合作的基础上，积极主动参与交流互动，形成了真正意义上的思想互通、信息共享、合作共育的良好开端，为今后家长课程的创新、学生核心素养的提升、合作共育效果的升华等奠定了坚实的基础。

（四）学校整体实力全面升华

通过家校协同教育的建设和实施，学校整理出各年级家庭教育和学校教育常见的问题，构建起完善的课程培训体系和家校评价体系，已初步形成了德育系列性成果，家校合作模式日渐成熟。家长课程的常态化开展，提升了广大家长的教育素养，优化了学生成长的家庭环境，促进了学生心理状态和学习状态的转变，为全面提升学校整体实力注入了新的动能。

校家社协同背景下发挥劳动的育人功能

——攀枝花市实验学校金江校区校家社协同育人经验

攀枝花市实验学校　陶玲予

2020年3月，中共中央、国务院发布《关于全面加强新时代大中小学劳动教育的意见》，强调劳动教育是中国特色社会主义教育制度的重要内容，明确提出"把劳动教育纳入人才培养全过程，贯通大中小学各学段，贯穿家庭、学校、社会各方面，与德育、智育、体育、美育相融合，紧密结合经济社会发展变化和学生生活实际，积极探索具有中国特色的劳动教育模式"。在中小学阶段，我们该如何以学生的全面发展为底色，通过校家社共同合作，以劳动教育培养学生的核心素养，促进个人"知、情、意、行"的四维发展，是我校新时期校家社协同育人的重要发展方向。

一、学校基本情况

攀枝花市实验学校金江校区是一所城乡结合地区的九年一贯制中小学，学校以全科育人、全程育人、全员育人和实践育人为总目标，在学校实施全学科融合教育下，努力让每一个生命向下扎根，向阳生长。我校从2015年9月开始，充分利用"边角"创建劳动基地。

2017年开设校本课程，开展"我爱校园，美化校园，创建快乐种植园"的活动。2020年我校以"阳光农庄"为基地，开启了学校以劳动教育实践为基础，利用校家社协同合作，全力打造"新、趣、活、实、美"的融创课堂，促进"培育求真务实、知行合一的人"的学校新样态建设。

学校调查发现，大多数孩子家里务农，但是孩子自己不会做简单的饭菜，不会整理房间，不会做简单的家务，更有甚者连自己的个人卫生都没有基本的习惯，种植劳作更是从不参与。如何转变家长的观念，与学校协同培养学生自主劳动意识？如何有效利用校家社共同拥有的现有资源和条件，开展一些具有可行性的劳动实践活动？面对这样的问题，我们从学校已开展的劳动教育活动入手，结合学校已有的"阳光农庄"的规模，以"五育"融合育人的内容为切入点，深度打造"融·品质""融·探索""融·运动""融·审美"的"四融合"校家社协同育人的劳动教育新样态。

二、劳动教育的价值

《义务教育劳动课程标准（2022年版）》从国家层面对劳动教育课程与课标高质量落地实施，提出了明确要求。尤其针对当前劳动教育重教育实践、轻素养培育的突出问题，强调"劳动素养"四个方面的培养目标，落实劳动课程育人价值。

根据人在品德心理结构中表现出来的"认知、情感、意志、行为"四个基本要素，劳动教育素养养成也可以从知情意行四维展开，做到晓之以理、动之以情、持之以恒、导之以行，培养学生劳动素养。

我校依托"阳光农庄"劳动教育基地，探索全学科融合路径，通过项目化、主题式学习方式，整合语文、数学、英语、道德与法治、音乐、体育、美术、科学等学科，全方位围绕"知、情、意、行"开展劳动教育教学活动，重在打破学科间、学段间、班级间以及课堂内外的界限。

三、"四融合"激发劳动教育拉练活动

学校通过"融·品质""融·探索""融·运动""融·审美"这"四融合"的教育理念，深入推进劳动教育，不仅推进跨学科课程的开展，并且邀请家长和农科所等专业技术人员加入我们的课程中来，使我们的"融创"课程极具吸引力，让我们的孩子在课程中感受到了思维的拔节和劳动的成就感。

表1 "学科融会贯通，劳动创生未来"劳动教育拉练活动

主题		学科融会贯通，劳动创生未来
时长		2023秋季学期
参加对象		3—7年级学生
项目起源		我校区创新开展项目式"融"课程的整体设计，注重课程开发的自主性、实践性、开放性、整合性和连续性，利用项目式的力量推进校本课程特色的实施，把学生成长、教师提升、学校发展结合起来，实现了三者的共赢发展
目标维度	知识技能	计算能力，信息收集处理能力，分析、解决问题的能力，社会实践活动能力，语言文字表达能力……
	方法过程	利用教学资源创设情境，学生观察思考，提出问题，学生合作探究，解决问题，学生间、师生间交流评价，信息反馈
	核心素养	1. 要使学生对学习产生兴趣，要有极大的热情和强烈的学习愿望。 2. 让学生更清楚学习是自己的责任，自己是学习的主人。 3. 学习的知识是有价值的，让自己终身受益
核心驱动问题		融育于爱、融育于行、融情于教、融教于趣，融合一切可以融合的资源，如何打造独一无二的"超融体"校园
所涉及学科		语文、数学、英语、书法、科学、美术、音乐、思政

续 表

课程设计	鸟语林（音乐、美术、物理、化学）　融种植（劳动、数学、科学、思政）　融阅读（语文、书法、思政）　融养殖（数学、劳动、科学）　超融体校园　融烹饪（劳动、美术、科学、数学）　融特色课程（英语、数学、体育、手工、茶艺）		
子任务	**学科**	**实施路径**	
乐"耕"生活	语文	观察植物、水果讲故事，做绘本，制书签，写阅读笔记、连续观察日记、调查报告……	
	数学	用"数一数、算一算、比一比"来计算蔬菜、水果的重量，运用测量工具测量菜地面积、果实的生长周期……	
	科学	带领孩子认识蔬菜、水果的各种名称、营养价值，区分是否可以直接食用	
	美术	画一画、贴一贴自己喜欢的蔬菜和水果，制作书签	
乐说心语（鸟语林、养殖园）	英语	从"听、说、读、写"四方面引导学生用英语表达日常生活情境，通过口语交际，英语讲解员把养鸟、养动物的日常活动传达给参观的校内师生……	
	音乐	通过合唱或者舞蹈传达劳动的快乐	
	美术	指导学生通过对动物的观察，画出动物各种形态的美，用剪纸剪出各种动物的形状，以动物为图标设计邀请函、海报	
	思政	饲养的安全知识，培养关爱动物的情感	
	劳动	如何饲养动物，日常管理劳动	

续 表

"劳动创生未来"活动流程	"劳动创生未来"启动仪式（凭学生设计邀请函入场） ↓ 剪彩仪式（剪彩、致辞） ↓ 歌舞融乐（音乐、舞蹈、课本剧展） ↓ 作品展示区（设立解说员） ↓ 快乐分享（写下心愿卡、合影留念） ↓ 分发纪念品（幸福种子）

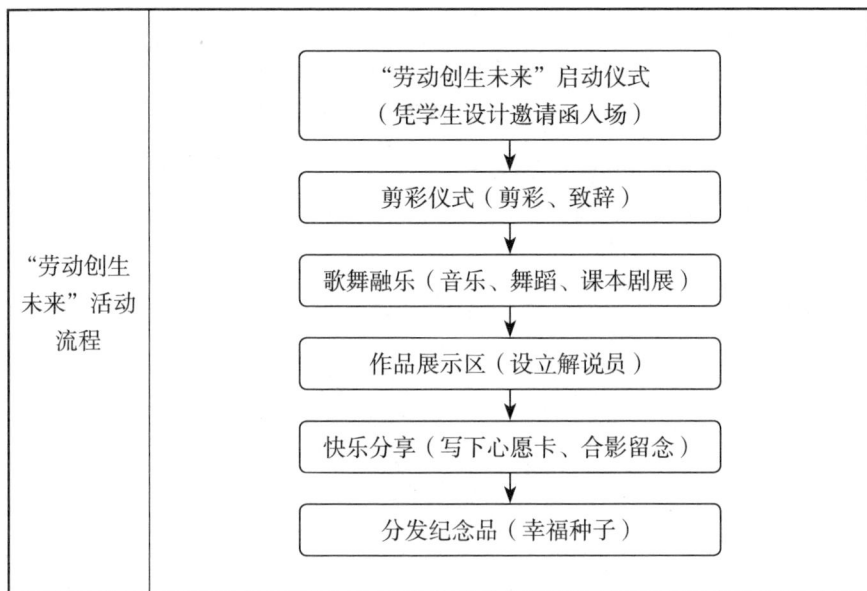

表2 劳动教育拉练活动时间安排

活动序号	时间	地点	内容	参与人员
1	九月	学校长廊	融创+种植、融创+养殖、融创+鸟语林	红领巾讲解员、学生、家长
2	十月	融创教室	融创教室作品展	家长代表、学生
3	十一月	"阳光农庄"	"阳光农庄"收获季融创课堂（音乐、劳动、体育、数学、英语、美术）	学生、农科所专家、家长代表、社区人员
		第二教学楼	厨艺课堂	经贸校老师、学生
		第二教学楼	生活劳动课堂	家长、学生、老师
		融创教室	思政课堂	学生、老师
4	十一月	融创教室	新课标引领下"融创课堂"探索之路分享交流	老师、学生代表、家长代表
5	十二月	融创教室	颁奖典礼	校长、家长代表、工匠团队、社区专家

四、评价创新

"342"评价提升劳动育人价值

多维推进劳动综合性评价，"342"评价指教师、家长、学生三类主体，让劳动教育内容、途径与目标形成科学完整的闭环，夯实劳动教育育人目标。

表3 342评价表

评价要素	评价内容	自我评价			教师评价			家长评价		
		优	良	合格	优	良	合格	优	良	合格
劳动观念	1. 具有正确的劳动价值观、尊重劳动、热爱劳动的品德。 2. 尊重普通劳动者，珍惜劳动成果，理解劳动创造美好生活的道理。 3. 积极参加劳动课程学习、劳动实践体验并获取丰富的劳动知识									
劳动能力	1. 学会使用常用的劳动工具，能进行简单的生产、生活、服务性劳动。 2. 比较熟练地运用家政技能，综合运用劳动技能解决生产劳动中的问题，初步掌握现代服务业劳动的基本技能，发展创造性劳动能力。 3. 将劳动技能养成与未来职业、生涯的可持续发展联系起来，持续提升生活自理能力									

续 表

评价要素	评价内容	自我评价			教师评价			家长评价		
		优	良	合格	优	良	合格	优	良	合格
劳动习惯和品质	1. 具有持续参加劳动的积极性，具有自觉遵守劳动规范的意识，增强公共服务意识，形成初步的职业意识。 2. 认真完成劳动任务，并勇于去学习、探究，积极参与公益劳动。 3. 展现良好的劳动合作、劳动探究行为									
劳动精神	1. 能够不怕困难，主动寻求解决问题的方法。 2. 感知勤俭节约、敬业奉献的劳动精神。 3. 在劳动中追求精益求精									

评价要素	评价内容	权重	得分
劳动实践参与过程	1. 参与劳动出勤率（20分）； 2. 分享交流评价（20分）； 3. 体验反馈评价（通过使用、品尝等方式及时评价，20分）	占比60%	
劳动作品或产品展示	1. 展览评价（20分）：劳动日记和作文展示、劳动手抄报和绘画上墙、劳动活动过程的视频和照片出推文等； 2. 产品评价（20分）：劳动手工作品、科技制作类作品、实验类作品等	占比40%	

五、主要成效

我校劳动教育的扎实开展，在近几年学生的成长上，看到了明显的变化。90%的学生参与家校日常生活劳动的自理自立能力明显提升，有40%的学生在劳动教育实践活动中作为红领巾讲解员，以及在艺术比赛的劳动情景剧演出中，提高了流畅、自信的口语表达能力，提升了敢于站在舞台上发光发亮的气质。

在与家长、社会协同育人的合力下，家长更加认可学校对学生全面发展的培养，社区更加赞赏我校的学生全面发展的品质。2022年5月，我校红领巾好少年被人民网四川总站报道。2022年10月，四川省教育部门将我校评为四川省劳动教育实验校，提升了我校新时代高质量育人的社会认可度。

作为学校和教师自身的发展，2022年，我校承担了全市劳动教育拉练活动，通过"劳动教育+思政教育"的育人实践展演，提升了我校在全市的认可度。2024年，我校先后参与两次省级"国培"项目的展演，提升了学校在省内的认可度。

我校在融合育人的劳动教育实践探索中，初步形成了融合型劳动教育模式。根据新时代教育高质量发展的要求，我校还将继续转型升级、更新迭代劳动教育内容、路径、评价方式，坚持"五育"并举协同育人，促进人的全面发展、综合素养的全面提升。让学校在"校家社协同进行劳动教育，融合育人"的这方沃土上，继续奋力生长出丰硕的教育果实。

大思政背景下心理健康教育
与家庭教育的有机融合

攀枝花市东区教育科学研究室　钟绍英

随着社会经济的快速发展和教育改革的不断深化，中小学生的心理健康问题日益受到社会各界的广泛关注。中国网心理中国2024年5月31日讯，《2024儿童青少年抑郁治疗与康复痛点调研报告》28日正式发布。报告显示：调研中被诊断为情绪障碍的子样本，首次确诊的平均年龄为13.41岁，其中男孩占51.0%；首次休学的平均年龄为13.74岁，主要集中在14岁。他们中三成以上至少共病一种其他心理疾病，睡眠障碍、强迫症是最常见的共病；其中一半孩子患病时长处于1到4年之间，约1/3的孩子患病时长为3个月至1年。学习压力和家庭环境对孩子的影响非常大。如何能让孩子从巨大的心理负担中走出来，有个健康快乐的童年？在大思政背景下，将心理健康教育与思政教育有机融合，保证心育发展方向正确，不仅符合新时代中国特色社会主义教育发展的要求，也是培养学生健全人格、树立正确价值观的重要途径。同时家庭教育作为孩子成长的第一课堂，对中小学生的心理健康具有不可替代的影响。因此，探索心理健康教育与家庭教育的有机融合，对于促进中小学生健康成长具有重要意义。

一、构建"家校共育"平台，实现资源共享与优势互补

"家校共育"平台成为心理健康教育与家庭教育融合的基石。平台致力于消除家校间的信息孤岛，促进教育理念、资源及方法的深度交融。通过开放共享的机制，家校双方能够紧密协作，共同探索适合学生发展的教育路径，形成强大的教育合力，为学生的心理健康与全面发展奠定坚实基础。

学校成功搭建"家校共育"网络平台，这一创新举措极大地促进了心理健康教育资源的线上共享。该平台犹如一座知识宝库，不仅汇聚了丰富多样的心理健康教育课程、精彩纷呈的讲座视频以及专业的心理测评工具，还贴心设置了在线心理咨询与家长课堂两大功能模块。家长们只需轻点鼠标，即可随时掌握孩子的心理健康动态，学习并掌握科学的家庭教育策略。此外，该平台也为家校沟通搭建了便捷的桥梁，实现了教师与家长之间的无缝对接与实时交流。更重要的是，学校充分利用家长的反馈意见，持续优化心理健康教育的内容与方式，确保教育活动的针对性与实效性，共同为孩子们营造了一个健康、和谐的成长环境。

在大思政的引领下，我们充分利用互联网与大数据的先进力量，整合校内外丰富的心理健康教育资源，构建起一个内容全面、形式多元的在线教育资源库。这一平台不仅汇聚了专业的心理知识、案例解析，还包含了互动问答、模拟训练等互动模块，以满足不同学生的个性化需求。同时我们建立了家校互动机制，鼓励家长成为孩子心理健康教育的积极参与者，与教师携手制定针对性教育方案，共同守护孩子的心理健康。我们还注重反馈机制的建立，通过定期收集家长与学生的意见与建议，不断优化平台功能与服务内容，确保教育资源的有效性与针对性，为家校共育注入新的活力。

二、完善家长心理健康教育内容，保证教育方向

（一）融入社会主义核心价值观，培养家国情怀

家庭教育必须将社会主义核心价值观作为重要内容融入其中，确保孩子在成长过程中树立正确的世界观、人生观和价值观。这不仅是家庭教育的责任，也是培养社会主义建设者和接班人的需要。将24字核心价值观分层面在不同年级进行主题渗透。

（二）儿童常见心理问题识别与应对

帮助家长识别孩子常见的心理问题，引导家长关注孩子的成长困惑，通过倾听、理解和鼓励等方式，与孩子建立良好的亲子关系。在情感沟通和心理引导的过程中，引导孩子积极面对生活中的困难，让孩子知道挫折并不可怕，克服困难后就能看到希望。

（三）家长教育观和成才观的引导

树立正确的育儿观，首先要明白，育儿不是一件简单的事情，它需要我们用心去理解和满足孩子的需求，不是简单粗暴地为了你好。什么是真正地为了孩子好，其实很多时候家长自己都不明白，只是主观或盲从地去理解孩子的需求。

1. 注重言传身教，以身作则

家长是孩子的第一任老师，他们的言行举止对孩子有着深远的影响。因此，家长应注重自身的道德修养和价值观塑造，以身作则，用自己的实际行动为孩子树立榜样。通过言传身教，让孩子在日常生活中感受到核心价值观的力量，让孩子能够积极向上、充满正能量。

2. 与学校和社会教育形成合力

家庭教育不是孤立的教育活动，需要与学校和社会教育形成合力。家长积极配合学校的教育教学工作，关注孩子的学业成绩和综合素质发展；同时，还应关注社会热点和时代变迁，引导孩子关注国家大事和社会进步。通过家庭、学校和社会教育的有机结合，共同促进孩子的全面发展和健康成长。

3. 树立正确的成才观

家长既要尊重孩子的个性和兴趣、培养孩子的独立性和自主性、给孩子足够的关爱和支持外，还要树立正确的成才观。不是每个孩子都能成为学霸或者天才，每个孩子都有自己的优点和特长。家长要关注孩子的全面发展，注重培养他们的品德、习惯和能力，而不是只看重学习成绩。家长要学会倾听和理解孩子。有时候，孩子的一些行为可能让家长不理解或者不满意，但是家长不能一味地批评和指责。应该静下心来，听听孩子的想法和感受，理解他们的需求和困难，然后给予适当的引导和帮助。需要家长不断地学习和进步，用心去理解孩子，用爱去陪伴孩子，这样才能让孩子在健康、快乐的环境中成长！

三、创新心理健康教育模式，提升教育效果

（一）心理健康教育模式的现状

当前，中小学心理健康教育面临模式僵化、内容乏味等挑战，导致学生兴趣缺失，积极性受挫。为破解此困局，创新心理健康教育模式势在必行。通过引入体验式教学、项目式学习等多元化教学手段，以及融合游戏化、情景模拟等创新元素，不仅能够激发学生的学习兴趣，还能有效提升教育的吸引力和实效性，为学生的心理健康成长注入新活力。

（二）创新模式的实践探索

1. 体验式教学

通过模拟情境、角色扮演等方式，让学生在实践中体验心理变化与应对策略，增强学习的趣味性和实效性。例如在"情绪管理"课程中，教师可以设计"情绪小剧场"，让学生扮演不同角色，体验并学习情绪调节的方法。

2. 项目式学习

结合学生的实际生活和学习需求，设计具有挑战性的心理健康教育项目，让学生在完成项目的过程中提升心理素质和能力。例如开展"心理健康小报制作"项目，引导学生关注心理健康问题并自主搜集资料、

设计版面、撰写文章。

3. 家校合作式教育

加强与家长的沟通与合作，共同开展心理健康教育活动。比如定期举办"家长心理健康讲座"，邀请专家为家长讲解心理健康知识；同时鼓励家长参与孩子的心理健康教育过程，如共同完成心理健康作业、参加心理健康主题班会等。

（三）创新模式的策略建议

1. 注重实践

将心理健康教育融入学生的日常生活和学习中，通过实践活动提升学生的心理素质和应对能力。

2. 强化体验

注重学生的情感体验和心理感受，通过体验式教学激发学生的学习兴趣和积极性。

3. 加强合作

加强与家长们的沟通与合作，形成家校共育的良好机制，共同促进学生的心理健康发展。

四、强化家庭教育指导，提升家长教育素养

（一）家庭教育指导的重要性

家长作为孩子的第一任及终身教师，其教育素养与家庭教育方式对孩子心理健康的塑造具有决定性作用。为了提升中小学生的心理健康水平，强化家庭教育指导显得尤为关键。这不仅要求家长具备基本的心理健康知识，还需掌握科学的教育方法，如积极沟通、情感支持及合理引导等。通过专业的指导与培训，帮助家长树立正确的教育观念，优化家庭环境，从而为孩子营造一个健康、和谐、有利于心理健康成长的家庭氛围。

（二）家庭教育指导的实践案例

我们深知家庭教育的重要性，定期举办"家长学校"活动，成为家

校合作的亮点。活动中，心理健康教育专家为家长量身打造课程，深入浅出地讲解心理健康知识，并传授实用的家庭教育技巧，助力家长成为孩子成长的坚实后盾。学校还创新性地建立了"家校联系手册"，作为沟通桥梁，详尽记录学生的在校表现与心理状态，让家长随时随地掌握孩子的成长动态。此外，学校紧跟时代步伐，利用微信公众号等平台发布最新心理健康教育资讯与家庭教育指导文章，为家长提供便捷的学习资源，共同为孩子的心理健康护航。

（三）家庭教育指导的策略建议

学校采取多措并举的方式，全面提升家长的教育素养与认识水平。通过定期举办专题讲座，邀请心理健康教育专家为家长解析儿童心理发展规律，传授科学的家庭教育策略；同时发放详尽的宣传资料，确保心理健康知识与家庭教育方法深入人心。为构建更加紧密的家校合作，学校建立了高效的家校联系机制与信息反馈体系，确保学生心理健康状况与学习表现的实时共享，促进双方有效沟通。在大思政背景下，心理健康教育与家庭教育的有机结合是提升中小学生心理素质、促进全面发展的重要途径。通过构建"家校共育"平台、创新心理健康教育模式、强化家庭教育指导等策略与方法，我们可以形成家校共育的良好机制，共同为学生的心理健康成长保驾护航。未来，我们将继续探索和实践更多有效的策略与方法，为培养德智体美劳全面发展的社会主义建设者和接班人贡献智慧和力量。

参考文献

［1］马春桥.学校教育与家庭教育有效结合的策略与方法［J］.教育管理与艺术，2014（4）：41.

［2］华雄飞.家庭教育与心理健康教育相结合行动研究意义初探［J］.新课程（下），2019（10）：278.

［3］杜瑞红.融入家庭教育，强化小学生心理健康的发展［J］.中华志愿者，2020（5）：49.

下 篇

校家社协同发展案例

同频共振，"育"见成长

攀枝花市第九小学　张鸣

在"双减"背景下，教育已不再是学校单方面的责任，而是家庭、学校乃至社会共同参与的综合性事业。校家社协同育人模式强调家庭与学校与社会之间的高质量沟通与互动，形成共同的经验和价值观，并采取一致的行动，使学生在不同的场景中接受一致的信息，从而对学生的成长起到相互交织的作用。"家长开放日"作为校家社协同育人的重要载体之一，不仅能为家长提供深入了解学校教育环境、观察孩子在校表现的机会，更能促进家长、教师之间的有效沟通，为孩子的个性化成长搭建了桥梁。接下来，我将借一次"家长开放日"活动案例，谈谈如何有效地开展家长开放日活动，促进家校协同育人。

一、背景介绍

为了增强一年级新生家长与教师、学校之间的沟通，让家长走进校园，走进课堂，全面了解学校的管理与发展，了解孩子在校的学习表现和活动情况，从而凝聚学校、家庭之间的管理智慧，共同促进孩子健康成长。在新学期开学后的一个月，学校特举办一年级家长开放日活动，旨在通过家长开放日活动，增进家长对学校教育的理解和支持，共同为孩子们的成长创造良好的环境。

二、活动实施

（一）设计邀请函——满怀期待

本次家长开放日活动，我们突破了以往的一切活动方案由学校制定的传统模式，让各班级根据自己的特色与家长一起设计家长开放日邀请函。由于一年级的孩子识字和写字的量都较少，他们设计的邀请函更多的是图画及简单的文字，正因如此，孩子们能将主题、日期等展现在一张张邀请函中，这足以说明这一个月孩子们在学校的成长是显而易见的。同时，孩子们还邀请爸爸妈妈和自己一起设计校园参观打卡纪念卡，家长在和孩子的共同参与下，加深了对孩子的了解，增进了亲子关系，从而让家长对此次开放日活动有了更多的期待。

（二）成果展示——见证成长

家长开放日如约而至。家长们满怀期待地来到学校，孩子们领着爸爸妈妈在小组长的带领下参观学校的教学楼、食堂、文化长廊、同心图书角等。看似简单的校园参观打卡，这可是孩子们自己小组精诚合作的最好见证呢！在此之前孩子们所在的小组经过多次实地探究，制订出自己小组的最佳参观路线，家长参观过程中，孩子们有明确的场所介绍分工，人人参与。孩子们的介绍虽然稚嫩、简短，但让家长们认识了一个与他们心中完全不一样的孩子，这对于他们来说可以说得上是惊喜，甚至惊叹。家长们在惊喜的背后更多的是对孩子们在学校学习的肯定，对学校教育的肯定，这就是我们举办开放日活动的初衷。

如果说参观学校让家长见证了孩子的成长，那么接下来的常规展示，则是让家长看见了孩子质的飞跃。班级中的领读员站上讲台，将这次家长开放日活动推向了高潮。"请你翻开语文书""我就翻开语文书""左手扶书""右手指字"……一声声口令，一串串整齐划一的动作，个个精神饱满，没有一个孩子掉队。紧接着是家长和孩子们一起在小班长的带领下排好路队到操场参加大课间活动。"一二三四""站好姿势"……家长和孩子们一起听口令，一起行动，家长的参与给了孩子们极大的鼓励,他们表现的劲头更足了。班长时不时地点赞,更是激发了家长们要当好表率的意识。家长们发现,孩子们的表现远远超出了他们的想象。这一刻,他们才真正相信平时的陪伴学习是对孩子成长的最好支持,也相信学校和老师的教育会对孩子的成长产生深远的影响,也为家长们能在今后的六年时间里理解、支持学校的教育打下了坚实的基础。

(三)书写反馈——感悟成长

活动结束后,我们给每一位家长准备了一张"家长开放日活动反馈表",让家长写下对本次活动的感言以及对学校发展的建议。家长们纷纷表示类似于这样的活动应该多开展,他们很愿意参与到孩子在学校的成长中来,在活动中,他们看到了孩子的成长,看到了老师的专业。在感叹孩子精彩表现的同时,更多的是感谢老师的辛勤付出,这让老师们的能力用另一种方式得到了认可。

三、案例分析

一是真正落实家校协同育人,家长不能只当"参观者",而要做一名"参与者",这是家长开放日活动能够有效开展的先决条件之一。教育家蒙台梭利曾经说过:"我听过了,便忘记了;我看见了,便记住了;我操作了,便理解了。"案例中,家长们参与活动的前期准备,无论是在邀请函上的出谋划策,还是在纪念卡设计中的共同协作,这无疑都是对孩子学习的一种鼓励,更是对学校教育的支持。参与孩子的大课间活动,与孩子们一起体验路队制,感受规矩意识,率先垂范,这是对学校教育教学方式的认可。活动后的总结与反思,家长与家长的交流,家长与老师的交流,一石激起千层浪,在总结中改进,在反思中提升,这是对学校发展的期待。家长开放日是学校为家校沟通搭建的平台,而不是一场单纯的活动展示,它的目的就是要实现家校协同育人。

二是家长开放日的活动主题及形式的选取要具象化。案例中的家长开放日活动能够成功开展,还取决于此次活动的内容及形式的选取符合一年级新生的特点及家长的需求。一年级的孩子对校园、对小学学习都充满了好奇，不论是让他们设计邀请函、纪念卡，还是展示学习常规，都是他们每天都在学习训练的内容，他们操作起来更容易上手。一年级的学生家长对学校的发展、对学校的教育也有许多的疑惑，让他们参与进来，也是一次零距离了解学校的好机会。本次活动的开展既为孩子们提供了深入了解校园的契机，又为家长们提供了了解学校教育理念、教学管理、学生在校的学习表现等的机会。同时，学校也聆听了家长们的心声和建议，为今后学校的教育教学工作提供了有益的参考。这种双向的、相互交织的沟通和交流，为家校协同育人能够良性发展奠基。

三是有效的家长开放日活动应进行多元的评价。家长开放日活动作为家校协同育人的载体，评价它是否有效应站在促进学生全面发展的角度来进行，家长、学校、教师都应该成为评价的主体。案例中，活动结束后家长填写反馈表，是家长对学校教育教学活动的评价。学校评价教师的教育教学实效性，应依据学生在本次活动中的表现。同时，教师也可以从本次活动中了解家长的教育观念、了解家长对孩子教育的需求，这也是一种评价。所有的评价都应指向学生的发展，这才是家校协同育人的终极目标。

四、案例产生的思考

家校协同育人是一项长期而艰巨的任务，需要学校、家庭乃至整个社会的共同努力和持续探索。本次家长开放日活动的成功举办，让我们发现了家校协同育人可持续深化的点还有许多。例如：学校持续开展的"同心微视"活动，除了让我们的老师来讲解如何开展家庭教育，也可以将我们的家长"请进来"，让家长们在他们擅长的领域为学校的发展增砖添瓦。除了传统的教育教学领域外，学校还可以积极探索家校合作在其他方面的实践。例如：可以联合家长资源开展社会实践活动，让学生走出校园，走进社会，增长见识，锻炼能力；还可以利用家长的职业背景和专业优势，邀请他们来学校开展讲座，为学生带来丰富多彩的课外知识和实践课程。这样既能丰富学校的教育资源，又能增强家长的教育参与感和成就感。

家校协同育人如同两匹并驾齐驱的骏马，共同带领着孩子们驰骋在成长的乐园。只有当家庭与学校的教育目标高度一致，才能真正形成合力，才能促进孩子全面发展。

与法同行，助"未"成长

——家校警社合作促进学生平安成长案例

攀枝花市第一小学　洪糸

在当今这个快速变化且充满挑战的社会环境中，学生的平安与健康成长不仅是家庭与学校的责任，更是整个社会共同的使命。家校警社合作，作为一种高效、全面的教育模式，其重要性日益凸显，它不仅关乎每一个孩子的未来，更是构建和谐社会的重要基石。

一、多个维度深入探讨这一合作模式的重要性

（一）家庭：温暖的港湾，安全的起点

家庭是孩子成长的第一课堂，也是安全教育的起点。家长作为孩子的第一任老师，其言传身教对孩子的影响深远。然而，仅凭家庭的力量往往难以应对复杂多变的社会环境。家校警社合作机制下，家庭可以获取更多专业的安全知识和教育资源，如防拐骗、网络安全、心理健康等方面的指导，从而更有效地保护孩子的身心安全，为孩子的健康成长筑起第一道防线。

（二）学校：知识的殿堂，教育的核心

学校是系统传授知识、培养品德的重要场所。在家校警社合作框架下，学校不再孤军奋战，而是能够联合家庭、警方和社会资源，共同开展安全教育活动。通过定期的法制讲座、安全演练、心理健康教育课程

等，学校不仅能够增强学生的自我保护意识，还能教会学生面对危机时的应对策略，让安全成为每个学生自觉的行为习惯。

（三）警方：法律的守护者，安全的屏障

警方作为社会治安的维护者，其专业性和权威性无可替代。在家校警社合作中，警方不仅能为学校提供安全风险评估、校园周边治安环境整治等服务，还能通过警校共建、警民互动等形式，直接参与到学生的安全教育中来。通过真实的案例分析、模拟演练等方式，警方能够让学生直观感受到法律的力量，学会用法律武器保护自己，同时也培养了学生的法治观念和社会责任感。

（四）社区：生活的舞台，支持的网络

社区是学生日常生活的重要环境，也是家校警社合作不可或缺的一环。通过社区的支持与参与，可以形成更加广泛的安全防护网。社区可以组织各类安全宣传活动，如安全知识竞赛、亲子安全体验营等，增进居民之间的交流与理解，同时提高整个社区的安全防范能力。此外，社区还能为特殊需要的学生提供必要的帮助与关怀，营造温馨、包容的成长环境。

二、校家警社合作具体措施

（一）建立沟通平台

建立一个有效的校家社沟通平台可以促进校园的法治建设顺利进行，如定期举行家长会、向家长群推送法治新闻和法治宣传文章、线上线下进行培训交流活动等，以便及时分享信息、交流意见和解决问题。每年利用"全国中小学生安全教育日""6·26国际禁毒日""12·2全国交通安全日"等宣传日，在平台上发布信息，用于传达学校的法治教育内容和政策，开通家长和社区成员反馈意见、提出建议的渠道。

（二）共同制订法治教育计划

每学年学校邀请家委会代表、警校共育单位和社区代表共同参与制订法治教育计划，确保教育内容贴近学生生活实际，符合社会法治需求。同时，还邀请法治校长、法治班主任、法律专业人士走进校园和班级开展以案说法、专题讲座、模拟法庭等活动，增强学生的法治实践能力和法律意识。

（三）强化家庭法治教育

家庭是孩子的第一所学校，家长应树立正确的法治观念，通过言传身教的方式影响孩子。学校利用新生家长学校、全校家长会组织交通安全、治安管理等培训，提升家长的法治素养和教育能力，帮助家长在家庭教育中融入法治元素。

（四）构建社区法治环境

积极联系社区参与校园法治建设，为学生提供良好的法治环境。主要是加强对校园周边环境的治理和联合执法，打击校园周边违法犯罪行为，维护校园安全稳定。比如在上学放学时间段加强巡逻和对流动商贩的监管，为学校联系针对不同人群有益的法治讲座。

（五）建立协同处理机制

面对校园内的法治问题，学校、家庭和社区建立了协同处理机制。当发生涉及学生权益的事件时，各方迅速响应、共同协商解决方案；对于违法行为，联合警校共育单位依法依规进行处理，维护学生的合法权益和校园秩序，将未成年人保护法和预防未成年人犯罪法落到实处。

（六）注重法治文化建设

我校通过设置法治宣传栏、法治景观、悬挂法治标语、播放法治教育短片等方式营造浓厚的法治氛围；同时，鼓励学生参与法治实践活动，如模拟法庭、法治辩论赛等，让学生在实践中感受法治的力量和魅力。

三、警校共育铸就法治建设的坚固防线

在社会的广阔画卷中，青少年的健康成长是国家未来的希望之光。而法治教育，作为这束光芒的守护者，其重要性不言而喻。近年来，"警校共育"模式的兴起，如同一股清新的风，吹遍校园的每一个角

落，将派出所、交警队、消防队等司法部门与学校紧密地联结在一起，共同筑就一张守护学生平安健康、深化法治教育的坚固防线。

（一）携手并进，共筑安全屏障

在"警校共育"的框架下，派出所不再仅仅是处理治安案件的场所，它成了学校安全教育的坚强后盾。定期开展的"法治教育进校园"活动，让警察叔叔阿姨们走进课堂，用生动的案例、浅显的语言，为学生们讲解防骗、防盗、防欺凌、防性侵、防意外伤害等实用知识，引导学生树立正确的法律意识和自我保护能力。同时，通过建立"警校联动"机制，学校能及时将校园内外的安全隐患上报给警方，确保问题得到迅速有效解决，真正实现了校园安全的"无缝对接"。

（二）交通安全，从娃娃抓起

交警队作为"警校共育"的重要一环，更是将校园交通安全教育做到了极致。他们不仅在校园周边设置醒目的交通标志和警示语，还定期组织学生参加交通安全体验活动，如帮助学校成立了攀枝花市第一支也是唯一一支"少年交警先锋队"、帮助学校建立了"交通安全教育基地"和"交通安全电视台"等，让学生在各项实践活动中深刻理解交通安全的重要性。此外，交警叔叔阿姨们还会走进课堂，通过播放交通安全宣传片、互动问答等形式，增强学生的交通安全意识，让"文明出行，从我做起"的理念深入人心。2023年12月2日上午，攀枝花市公安局交警支队在中心广场举行2023年"12·2"全国交通安全日宣传活动。我校"少年交警先锋队"作为学生代表参加了此次活动。攀枝花市副市长、公安局局长、市道安委副主任周强为我校颁发"攀枝花市交通安全文明突出贡献单位"奖牌。2023年12月21日上午，攀枝花市第一小学"少年交警先锋队"应邀来到盐边县红格镇昔格达村广场，参加由四川省公安厅交通警察总队主办，攀枝花市公安局交通警察支队承办的四川省"美丽乡村行"交通安全宣传大型巡演活动。活动主题是"美丽乡村安全行 交通安全进万家"。

（三）消防安全，守护生命的防线

消防队与学校的合作，则是为学生们筑起了一道生命的防火墙。每年的11月消防安全月，消防队员们都会带着专业的设备，为师生们带来一场场别开生面的消防演练。从火灾逃生技巧到灭火器的正确使用，每一个环节都力求让学生亲身体验、掌握要领。同时，消防知识的普及也渗透到了日常教学中，通过开设消防安全课程、举办消防知识竞赛等方式，让学生在轻松愉快的氛围中增强消防安全意识，学会在紧急情况下自救互救。

（四）细微之处见真章，法治教育落到实处

"警校共育"不仅体现在大型活动的组织上，更在于日常教育教学的细微之处。学校充分利用班会、晨会等时间，结合时事热点，开展法治小课堂，让学生们在讨论中明辨是非，树立正确的价值观。同时，通过设立法治图书角、举办法治手抄报比赛等形式，激发学生的学法兴趣，让法治观念在潜移默化中根植于心。司法部门和派出所也积极参与其中，提供法律保护、法律咨询、心理辅导等服务，为遇到问题的学生及时提供帮助，提高小学生自我保护意识，确保法治教育真正落到实处。如充分利用"禁毒基地"开展禁毒宣传；开学季和毕业季等重要节点针对新生和毕业生开展法治安全教育等。如来自炳草岗派出所的副所长郑鑫警官作为法治副校长，在专属六年级男孩们的法治讲座中，他特别组织大家学习了当前法律规定的刑事责任年龄和相关法律知识。以攀枝花市青少年犯罪的相关案例，强调青春期学生应遵循的行为规范，引导学生拒绝校园暴力，不要拉帮结派、寻衅滋事，要勇敢地反抗霸凌行为。多交良友，多学习法律方面的相关知识，这样才能依法维护自身权益。为筑牢校园安全屏障，用爱心共同呵护学生健康成长，实现家校携手共育共赢，我校还利用全校家长会，由德育副校长洪系代表学校对家长们开展了未成年人校园内外安全教育的讲座。内容包括交通安全、网络安全、食品安全、防坠防踩踏、防性侵、防校园欺凌等。

除此以外，家校警社还开展了很多活动，如与家长一起收看"知危险会避险"交通安全云课堂；团市委、第三人民医院进校开展心理健康教育讲座；等等。春风拂面，阳光洒满校园，4月3日，一场由共青团攀枝花市委主办，攀枝花市第三人民医院承办的心理健康讲座活动在攀枝花市第一小学如火如荼地展开。这场活动不仅是一次心灵的洗礼，更是一次成长的飞跃，它让学生们深刻认识到校园欺凌的危害和参与者深层的心理情况，激发了同学们共同守护青少年心理健康的决心。学校坚持"1530"安全教育模式，在每天放学、每周五和节假日前开展安全教育，时时提醒安全事项等。共同努力，保障学生生命安全，维护校园和谐环境。

"警校共育"模式的有效实施，不仅为学生们营造了一个安全、和谐的学习环境，更为法治社会的建设奠定了坚实的基础。它让我们看到，当法律的力量与教育的温暖相遇，就能绽放出守护青少年健康成长的最美花朵。

综上所述，家校警社合作对于保障学生的平安健康成长具有不可估量的价值。它打破了传统教育模式的界限，将家庭、学校、警方和社区紧密联系在一起，形成了一个全方位、多层次的安全教育体系。在这个体系中，每一方都扮演着不可或缺的角色，共同为学生的成长撑起一片蓝天。让我们携手并进，共筑安全防线，为孩子们的健康成长保驾护航！

跃动的学科·融荣与共

攀枝花市实验学校金江校区　罗梅　黄婉君

一、案例背景

随着教育改革的不断深入，越来越多的教育者开始关注学生的全面发展。劳动课作为一门培养学生动手能力和创新精神的课程，逐渐受到了重视。然而，传统的劳动课教学模式往往过于单一，缺乏趣味性，难以激发学生的学习兴趣。为了改变这一现状，我校尝试引入跨学科的融创课堂模式，让学生在劳动中体验到创造的乐趣。

跨学科融合之融创课堂基于学校"阳光农庄"劳动教育基地这个平台，采用全学科融合的方式，整合全学科课堂，重在打破学科间、学段间、班级间以及课堂内外的界限，着力突破传统课堂的时空限制，实现学科渗透、融合，促成学生思维跨越和创新，丰富学生学习经历，提升学生的学习生活品质，形成学校的有效教学经验，实现课堂的再生与丰盈，达成"减负增效"与核心素养"落地"，同时全方位围绕知、情、意、行开展活动。

二、案例内容

本案例融合了劳动、道德与法治、语文、数学、美术、体育等学科，通过科学引入课堂，引导孩子们从放大镜开始，融合全学科，走进学校"阳光农庄"劳动教育基地，将理论与实践相结合，让学生从书本中走出来，开展知、情、意、行的劳动实践活动。

三、实施过程

（一）确定主题

教师根据学生的兴趣和教学目标，确定本次劳动课的主题。

（二）制订计划

学生以小组为单位，制订制作本次劳动课的计划，包括课堂结构、学科内容、活动组织等。

（三）实施制作

以教师为主导，学生为主体，开展课程。

（四）评价总结

教师根据学生的表现和收获进行课堂总结、评价。

四、劳动教育"收获"季——创意一"萝"筐

（一）劳动核心素养的落实

1. 劳动观念

（1）了解传统农业蔬菜种植，懂得"一分耕耘一分收获"的道理，学会珍惜粮食。

（2）懂得劳动不分贵贱，树立尊重劳动、尊重普通劳动者的观念，了解不同职业劳动者的辛苦与快乐，理解"三百六十行，行行出状元"的道理。

2. 劳动能力

（1）了解蔬菜收菜流程及常见方式。

（2）学会常用农具的使用方法。

（3）能按正确的方法进行收菜、晾晒、喂养家禽。

（4）在劳动实践中增强体力、提高智力和创造力。

3. 劳动习惯和品质

（1）自觉养成遵守劳动纪律、规范劳动、安全劳动的习惯。

（2）及时将工具及材料清洁归位，逐步养成良好的劳动习惯，树立环保、节约意识。

（3）培养认真负责、吃苦耐劳、团结协作的品质。

4. 劳动精神

（1）能领会"劳动是一切幸福的源泉""幸福是奋斗出来的"的内涵与意义。在劳作中践行不畏艰辛、不怕困难的劳动精神。

（2）勤俭节约，树立艰苦奋斗、无私奉献的精神。

（二）萝卜的跨学科主题教学

1. 融·语文学科教学

"跃动的学科·融荣与共"融创课堂活动基于学校"阳光农庄"劳动教育基地这个平台来开展一系列跨学科融合活动。

劳动课程里的语文学科"场景写话：粒粒皆辛苦·爱粮节粮"，其思维导图如下：

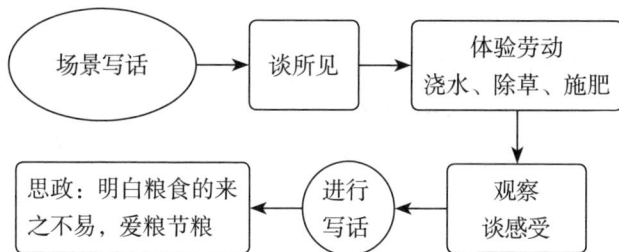

图1 融·语文学科教学思维导图

（1）谈话导入。同学们所看到的"阳光农庄"里都有哪些蔬菜?

（2）现场请几个同学到菜地里拔草、松土、浇水、施肥，其他同学认真观察人物的动作、表情，想象人物的心理活动，然后把看到的、想到的说清楚。教师在菜地进行指导。

（3）融思政教育。

①请现场劳动的几个同学谈感受。

②对学生进行珍惜粮食、蔬菜的教育。

（4）教师谈话分享。把看到的说一说。

（5）写话练习。现场看到的、听到的、想到的写成一段话，注意写清楚，写通顺、写完整。

（6）明白粮食的来之不易，粒粒皆辛苦，背诵《悯农》。

2. 融·数学学科教学

劳动课程里的数学学科"测量土地面积，完成市场交易"，其思维导图如下：

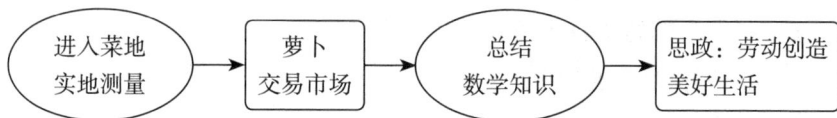

图2　融·数学学科教学思维导图

（1）实地测量"1平方米"。

教测量方法：边长为1米的正方形面积是1平方米。用米尺测出1平方米的萝卜地并做好标记。

分工：各小组派2名同学负责测量，2名同学负责拔萝卜，2名同学负责清理叶子，1名同学记录和管账。

（2）萝卜交易市场（萝卜市场价：4元/千克）。

① 称出筐的重量。

② 称萝卜的重量。

③ 计算好总价，收钱。完成交易后回到座位等待其他小组同学完成交易活动，同时可以和本组成员分享交流你的感想和体会。

（3）思政教育。

① 比一比，哪个小组收获的萝卜多？各小组收入是多少？

② 想一想，为什么同样的面积收获的萝卜却不一样？（萝卜有大有小，重量就不一样）

③ 请你根据你们小组的收获情况，计算出1亩（1亩约等于667平方米）地大约可以收获多少千克萝卜？大概的收入又是多少呢？（各小组根据具体情况进行计算）

（4）总结。一平方米我们只收获了（预计：5千克、4千克）萝卜，想要更多的"萝卜"，就要我们付出更多的努力和劳动，只有靠我们勤劳的双手，才能去创造出美好的生活。幸福是靠劳动创造出来的，不是从天而降的，它需要我们每个人去努力、去奋斗、去争取，在平凡中实现自己的人生价值。

1. 活动情况记录
农产品名称：＿＿＿＿＿＿＿
面　　　积：＿＿＿＿＿＿＿
筐 的 重 量：＿＿＿＿＿＿＿
产 品 重 量：＿＿＿＿＿＿＿
单　　　价：4元/千克
总　　　价：＿＿＿＿＿＿＿
2. 课外延伸
根据上面的信息，请你计算出1亩地大约可以收获多少千克萝卜？（1亩≈667平方米）

小组：
记录人：

图3　数学科学活动记录表

3. 融·美术学科教学

劳动课程里的美术学科"利用萝卜制作手提袋"，其思维导图如下：

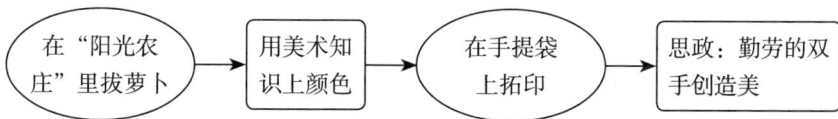

在"阳光农庄"里拔萝卜 → 用美术知识上颜色 → 在手提袋上拓印 → 思政：勤劳的双手创造美

图4　融·美术学科教学思维导图

（1）导入。今天我们收获了好多萝卜，这是同学们劳动的杰作，真是"一分耕耘一分收获"。萝卜不仅好吃又好看，我们还可以根据它们不同的造型、色彩、大小、纹理等来创造美，大家有没有兴趣跟老师一起来创造美？

（2）新授。

① 出示范例手提袋，提问：老师使用了什么方法？这种方法叫什么？（讨论、分析、交流）

② 汇报：这种方法是拓印。

（3）老师出示其他手提袋，让学生欣赏，并说说自己的想法，准备怎样拓印才有创意，显得新颖独特，强调作品中不足之处，引起学生的注意。

（4）老师示范讲解。

① 观察萝卜的外形、颜色、大小、纹理、软硬、水分等。

② 利用萝卜本身的形状进行拓印。

③ 以萝卜为材质，对萝卜进行雕刻后再拓印。

（5）注意提示。

① 涂色时，笔上的水分不宜过多，过多会流淌，过多时，把笔上的水分在毛巾上或吸水性好的纸上吸一吸。笔上水分过少时，易干，可以用小喷壶喷一点水，切记不要过多。

② 注意卫生，不要把颜料弄得到处都是，用后的笔放在指定地方，弄脏的地方要清理干净。

③ 安全强调，对尝试刻印的学生，要求安全操作：右手握刀，左手戴手套握住萝卜。

（6）学生实践：学生在手提袋上拓印，老师指导。

（7）作品评价及展示。

① 作品是否新颖有趣。

② 拓印是否清晰。

③ 手提袋整体效果是否美观。

（8）还存在什么问题需要以后注意。

（9）对今天的体验是否满意？如果不是很满意，不要气馁，课下我们再练练，相信大家一定会做出自己满意的作品。

（10）回顾。

今天同学们用自己劳动的成果——萝卜作为材料，不仅欣赏了萝卜的美，还学习了拓印，并创作了美丽的手提袋让我们大家欣赏。

（11）小结。

我们可以用眼睛发现美，又可以用我们的双手创造出美，让大家欣赏到美，我们还可以把创造出的美应用到生活中，美化我们的生活，愉悦自己，也愉悦别人，这是一件美好的事。

（12）与人分享。

① 现在，我们把自己创造的美，与其他人分享，不仅自己开心，别人也很愉快，大家说好不好？

② 拿上自己做好的手提袋，装上我们的礼物，送给客人，客人走到哪里，就会把同学们的作品带到哪里，他们走得越远、地方越多，就会有更多的人知道攀枝花市实验学校的同学们真能干，不仅能通过劳动种菜，还能把菜变成艺术品与别人分享，让更多的人欣赏到，真是太棒了。

（13）收拾物品。

（14）拓展与延伸。

萝卜有许多品种，大小不一、形状有异、颜色多样。在许多宾馆酒楼、大型的宴席上，许多厨师都会用萝卜雕刻漂亮的造型，如富贵牡丹、孔雀开屏、百鸟朝凤，寓意美好，令客人赏心悦目！

当然，把萝卜做成其他美丽的艺术品的还有很多，同学们课下可以去尝试一下，也可以收集一些相关资料，充实自己，增长见识。也可以尝试一下其他瓜果蔬菜哦！

4. 融·体育学科教学

劳动课程里的体育学科"舞蹈《土风舞》"，其思维导图如下：

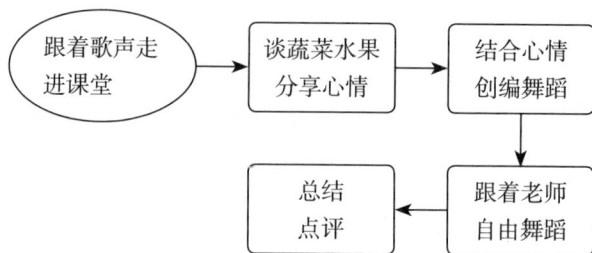

图5　融·体育学科教学思维导图

（1）跟着孩子们的歌声走进课堂。

（2）情境设置，提问。

① 看到收获满满的箩筐，你们是什么心情？

② 高兴的时候，你会有什么表情？

（3）高兴的时候，你会用什么方式来表达你的情绪呢？

（4）高兴的时候，你还会有什么肢体语言呢？

（5）在学校里，农庄的蔬菜、水果丰收了，你想和谁分享？

（6）把孩子们高兴的表现和音乐联系起来，创编舞蹈。

（7）一起跟着音乐跳起来。

（8）自由舞蹈：孩子们和老师一起自由跳舞。

（9）总结点评。

5. 融·道德与法治学科教学

劳动课程里的道德与法治"萝卜干里的思政教育"，其思维导图如下：

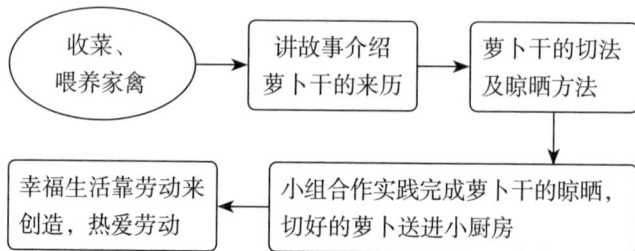

图6　融·道德与法治学科教学思维导图

（1）谈话引入。

孩子们，经过我们辛苦的劳作，我们的菜园迎来了大丰收，你们知道吗，不同的蔬菜，我们所食用的部位也不同，萝卜我们主要吃根，白菜吃茎和叶，小葱可以作调料，也可以用于包包子、做饼等面食，有些我们无法食用的黄叶子，也大有用途，可以埋在地里腐烂以后作肥料，把它们切碎后拌上米糠和玉米面，还是我们养殖园里的鸡、鸭、鹅的美食呢！

（2）选派代表切菜叶喂养家禽。

（3）萝卜的吃法有很多种，不同的吃法切的方法也不同。介绍多种切法。吃不完的还可以做成萝卜干。

（4）讲传说故事，趣味介绍萝卜干的来历。

（5）萝卜干的切法以及晾晒的方法。

（6）老师一边讲解步骤，一边操作，引导学生边听边看边想。

（7）学生分小组合作实践，完成萝卜干从切到晾晒的过程。

（8）切好的萝卜送进小厨房烹饪美食。

（三）课程回顾

（1）回顾学生刚才参与的分学科融创课，请学生谈他们参与了哪些劳动环节。

（2）学生分享劳动体验后，老师引导学生谈从这些融创课中得到的体会。

（3）老师从劳动课获得的收获中，引导孩子们认识劳动可以带来快乐，培养了团结合作的意识，认识劳动过程的艰辛。

（4）学习和种菜一样，踏踏实实地走好每一步，打好基础，就会有收获。

（5）请同学们分享家中家务活的分工状况，并说说自己是否也是家务活的承担者，鼓励孩子们积极参与家庭劳动，为家庭美好生活贡献自己的一份力。

（四）实践应用价值

本次融创课堂案例的实施，具有重要的实践应用价值：

（1）提高学生的学习兴趣和动手能力，有利于培养他们的创新精神和团队协作能力。

（2）将不同学科的知识融合在一起，有利于培养学生的综合素质和解决问题的能力。

（3）通过成果展示和评价总结，可以及时发现学生在制作过程中出现的问题和不足之处，以便教师进行针对性的指导和帮助。

（4）本案例可以为其他学科开展融创课堂教学提供参考和借鉴。

"劳动+德育"的教育新样态

攀枝花市实验学校金江校区　熊月梅　文有书

2022年，《义务教育劳动课程标准（2022年版）》提出：劳动是创造物质财富和精神财富的过程，是人类特有的基本社会实践活动。劳动教育是发挥劳动的育人功能，对学生进行热爱劳动、热爱劳动人民的教育活动。劳动教育是中国特色社会主义教育制度的重要内容，是全面发展教育体系的重要组成部分，对全面贯彻党的教育方针、落实立德树人根本任务、培养德智体美劳全面发展的社会主义建设者和接班人具有重要的意义。

劳动课程是实施劳动教育的重要途径，具有鲜明的思想性、突出的社会性和显著的实践性，在劳动教育中发挥主导作用。义务教育劳动课程以丰富开放的劳动项目为载体，重点是有目的、有计划地组织学生参加日常生活劳动、生产劳动和服务性劳动，让学生动手实践、出力流汗、接受锻炼、磨炼意志，培养学生正确的劳动价值观和良好的劳动品质。

根据以上提出的意见与要求，结合新时代"五育并举"的理念，将劳动教育与德育教育相融合，以"融合育人"的整体构架来培养"全面发展的人"，就成了全新育人模式的方向。学校依托"阳光农庄"劳动教育基地这个平台，为了全面落实劳动教育课程标准，我们将生产劳动、服务劳动与生活劳动结合学校德育，充分发掘学生的内驱力，提升学生的生产生活能力与服务能力，实现劳动教育融合德育课程，促成思维跨越和创新，丰富学生的学习经历，培养学生的良好品质，实现学校德育课程的再生与丰盈，形成"以劳树德"的劳动教育新样态。

一、"劳动+德育"的价值

（1）持续推动中小学生劳动教育，探索学校劳动教育途径，培养学生正确的劳动价值观和良好的劳动品质。

（2）有助于学生形成健全人格与德育品质。培养学生良好的行为习惯及实践能力。

（3）将劳动教育融于学校教育过程中，克服单纯的、单一的固定模式的劳动教育，打造劳动教育多样化、生活化、情景化、自然化。以"亲临、亲触、亲做、亲悟"为原则，打开课堂与劳动通道，让学生在真实的生活里获得经验、促进成长。

二、"劳动+德育"的意义

劳动教育是学校立德树人，是学生全面发展的重要指标。通过劳动教育，培养学生勤劳节俭、团结协作的优良品质。让学生在劳动实践中增长知识、接受教育、提升综合素质，学校通过"四位一体"劳动实践教育，以劳树德、以德育心，以劳启智，以劳强体，以劳育美，充分发挥劳动对人的生成、发展和完善的独特育人作用，让我们在学中做、在做中悟。同时要增强教师的德育意识，注意德育工作的客观性、真实性和参与性，充分发挥劳动的德育功能，将德育教育融入劳动实践活动中。

三、"劳动+德育"的实施策略

（1）抓住劳动技术课堂，夯实劳动技术理论，有目的地进行劳动教育。

（2）拓宽劳动教育途径，注重实践，发挥"阳光农庄"教育功能。

（3）劳动教育与德育有机结合，努力使劳动教育情景化、生活化。

（4）以"亲临、亲触、亲做、亲悟"为抓手，全力推动劳动教育。

四、"劳动+德育"典型情景

情景一：微行为习惯教育

为规范课堂常规，提高课堂教学质量，展示班级课堂风采，帮助学生养成终身受益的好习惯，2024年4月22日上午，学校开展了2024年春季学期日常行为习惯展示赛。本次比赛一至六年级学生全员参与，以班级为单位进行展示比赛。

常规展示内容包括课前准备、师生问好、学生坐姿、读写姿势、举手发言、学会倾听、下课礼仪、收书推凳、迅速列队等方面。各班训练有素、精神饱满，常规各显特色，比赛精彩纷呈，充分彰显了学子"行有规、学有范、扬正气"的精神风貌。

学生们个个精神抖擞，在老师的引领下，认真听、大胆说、美美读、规范写，展现着对课堂与知识的热爱，也体现了老师们对学生日常课堂习惯的培养。真是班班有成效，堂堂有特色！

"一规一矩养正气，一言一行促成长。"学校育人在细微之处，学生成长在活动之中。本次微行为习惯养成教育展示比赛，是一次检阅，更是一次成长，不仅引导孩子们养成良好的常规习惯，更为后续学习和未来发展打下坚实的基础。相信我们学校的学子，都能在这片沃土上茁壮成长，熠熠生辉，未来可期！

情景二："最美教室"评比

为进一步贯彻落实学校工作目标，美化我们的校园，使同学们有一个舒适、温馨的学习环境，同时也为了给同学们一个展示个性特长的空间，以充分发挥大家的想象力、创造性及团结合作精神，养成良好的学习习惯和生活习惯，配合学校开展"诗词里的春天"主题活动，特举办寻找"最美教室"活动。

每一面墙会说话。各班围绕学校提出的德育主题，充分利用黑板报这块方寸之地进行主题教育。板报不仅美观大方、创意新颖，而且色彩协调、图文及装饰布局合理。绘画、手工作品都在无声地诉说着孩子们的自信和快乐。

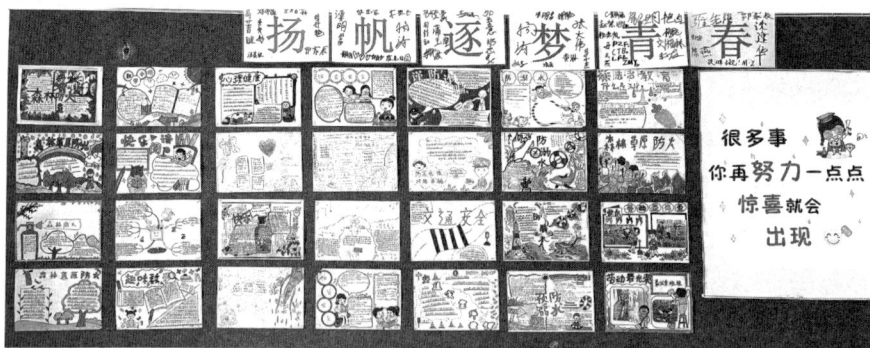

图1　班级黑板报展示

环境育人，润物无声。教室不仅是同学们奋力拼搏的修炼场，亦是汲取温暖和力量的第二个家。在最美的教室，遇见最美的成长。本次最美教室评比活动，不仅营造了浓厚的班级文化氛围，更增强了师生们的归属感和幸福感，为美丽的校园增添了一抹新的风景。

情景三：柠檬萝卜点亮童梦

清朝顺治年间，有朝廷大员来到扬州巡视民情，当地官员盛情款待，请来大厨费尽心思做了一大桌山珍海味，唯恐怠慢了京官，但谁想京官因为长途的奔波劳累，面对满桌子的美味佳肴，并无胃口，筷子没动几下便放下了。当地陪同官员见状诚惶诚恐，一时不知如何是好，气氛甚是紧张，这时一位老厨师见状灵机一动，端上了一盘祖传配方柠檬腌制而成的酸甜萝卜，京官见其白里透红，清爽诱人，便动筷尝了尝。之后，胃口大开，赞赏有加，妙哉！妙哉！称：酸甜脆辣香可口，回味无穷，食欲大增，并恳求当地陪同官员多腌一些好带回去给京城其他官员尝一尝。当地陪同官员终于松了一口气，席间气氛一下子就活跃起来了，京官回京不久，柠檬萝卜就因其独特的美味轰动京城，很多食客远道慕名而来，最后演变成了贡品，流传至今。

柠檬萝卜小组的孩子在我校特聘老师的带领下，从雕刻莲蓬手工开始，在老师的引导下动手完成莲蓬的组合，一声声惊叹和连连的赞许把活动推向了高潮，开启了柠檬萝卜的制作。

图2　柠檬萝卜

柠檬萝卜制作方法：

① 把萝卜切成1.5厘米大小的方块，加盐腌制3个小时，然后用清水淘洗干净，沥干水分待用。

② 加入冰糖、红醋、柠檬汁等，放冰箱里冷藏12个小时就可以吃了。

情景四：麻辣萝卜干点亮童梦

麻辣萝卜干是四川省传统的美食。主要原料是白萝卜、花生，口味是麻辣香脆。将白萝卜洗净，用细绳串起来，挂于通风处晾至八成干；取下用温水泡软，洗净后切成段；加入辣椒油、花生米剁碎，葱白切末，放入碗中加各种调料及萝卜干拌匀入味即成。拌上特制的麻辣酱料，沉睡了许久的萝卜干立马变得鲜活起来！麻、辣、香、甜、脆，原本朴实的白萝卜，就这样化为了神奇。

我校特聘老师带着这群孩子，一起走进萝卜干的手工制作中；从调料的品类、功效，到萝卜干的制作流程，老师手把手地指导孩子们，最后孩子们独立做出了自己喜欢的麻辣萝卜干。

图3　麻辣萝卜干

情景五：百变芋圆点亮童梦

芋圆是闽南传统特色小吃，在福建、台湾等地尤为流行。现在全国各地广为流传，深受大众喜爱。正宗的闽南芋圆，透亮柔软、香甜软糯，口感极佳！大多数甜品店都有卖，自己在家做更是实惠又美味。

图4　芋圆

我校特聘老师带着孩子们走进烹饪小厨房，将芋圆配方的比例、品种和原材料的制作流程讲解给学生，带着孩子们一起动起手来，将芋圆从热腾腾的锅里送进孩子们的嘴里，甜进孩子们的心里。

百变芋圆制作方法：

① 红薯、紫薯、香芋分别洗净，放入盘子装好，然后放入蒸锅，蒸20分钟即熟。

② 蒸熟的紫薯、红薯、香芋放凉至不烫手，然后分别去皮装入三个碗里，用勺子压碎成泥，越细越好。

③ 45克白砂糖加60克水煮沸之后，取糖水35克、100克紫薯泥、40克木薯粉拌匀，然后揉搓成光滑的面团。

④ 取一个揉好的紫薯面团，揉搓成长条，切成长1.5厘米的段，红薯面团、香芋面团也用相同方法。

⑤ 做好三种颜色芋圆，在盘子中撒入木薯粉，防止粘连，等所有芋圆都切好之后，再一起煮。

⑥ 清水煮沸，倒入做好的芋圆，其中紫薯芋圆要分开煮，防止其被氧化之后褪色。红薯芋圆、香芋芋圆，可以放入锅里一起煮。三种颜色的芋圆煮至浮起、透亮即熟。

⑦ 把煮熟的芋圆捞出，稍微放凉，加入牛奶或椰浆、还可以加仙草、红豆沙等拌匀一起吃。加牛奶、椰浆的可以适量减少白砂糖。

情景六：鲜玉米粑粑点亮童梦

"粑粑"，是我国西南地区对饼的叫法，川滇交界的攀枝花也同样叫"粑粑"。而相对于北方的饼，攀枝花的"粑粑"更具特色，因为攀西大裂谷是天府第二粮仓，玉米、稻米、土豆、山药等农作物种类繁多，所以攀枝花的"粑粑"种类更多，有苞谷粑粑、苦荞粑粑、土豆粑粑、山药粑粑、南瓜粑粑等，形成了攀西裂谷风情的"粑粑文化"。虽然攀西裂谷居民以大米为主食，但是当地百姓对"粑粑"的喜爱，丝毫不亚于北方人对饼的热爱！

图5 玉米粑粑

我校特聘老师带着孩子们走进融创教室，把教室变成厨房，从讲解玉米粑粑的历史开始，将它的特点、制作方法、制作流程、使用工具注意事项一一交代给孩子们，带着孩子们一起将玉米粒变成香甜可口的玉米粑粑。粑粑还没有出锅，孩子们已经垂涎欲滴了！

鲜玉米粑粑制作方法：

① 把玉米粒和温牛奶放入料理机中打成汁，加入酵母、砂糖混合均匀。

② 加入面粉搅拌大致成团，加入荤油，揉成光滑的面团。

③ 松弛发酵。

④ 成型，蒸15分钟即可。

五、活动效果

劳动实践活动的扎实开展，不仅增强了学生的劳动观念，更增强了学生的劳动意识和团结协作的精神，锻炼了学生的意志品质，提升了学生的道德素养，让他们懂得了珍惜每个人的劳动成果，尊重别人的劳动。每次活动都使学生发生了明显变化，全体学生参与家校日常生活劳动，自理自立能力明显提高。学生懂得关爱他人，关心社会，综合素养明显提升。随着道德素养的提升，学生违规违纪现象逐步减少，获得家长和社会的一致好评。

"融合育人"视域下"劳体融合"模式的探索

攀枝花市实验学校金江校区　　陶玲予　白雪

2015年7月，全国少工委《关于加强中小学劳动教育的意见》提出：以劳强体，劳动综合育人功能要充分发挥。2020年3月，《中共中央、国务院关于全面加强新时代大中小学劳动教育的意见》提出：劳动教育要与体育相融合，劳动教育的开展要以体力劳动为主。2022年，《义务教育劳动课程标准（2022年版）》提出：懂得人人都要劳动，体验劳动的艰辛和快乐；养成良好劳动习惯，培育积极劳动精神，弘扬劳动精神和工匠精神。这之中对于"体验劳动的艰辛和快乐"就需要有良好的锻炼习惯来支撑；而对于劳动精神的阐述，在体育锻炼中表现出来的顽强拼搏、诚实守信、乐于助人的精神，就与劳动精神的培养有异曲同工之处。

基于以上提出的意见与要求，结合新时代"五育并举"的理念，将劳动教育与体育教育相融合，以"融合育人"的整体构架来培养"全面发展的人"，就成了全新育人模式的方向。为此，学校基于"阳光农庄"劳动实践基地，将体育运动相融合，着力突破传统课堂的时空限制，打破学科间、学段间、班级间以及课堂内外的界限，构建劳动教育融合体育的"融运动"课堂、"融运动"课程、"融运动"评价。让学生在劳动情境化的体验中，调动和激活相关知识，探究和解决体育教育中的问题，形成可迁移的思维方式，完成核心素养的有效培养。

一、案例实施

（一）劳动教育中的"融运动"课堂教学实践

利用学校教育新样态的"融创课堂"，创设劳动教育的情境，将种植劳动、养殖劳动与学生体育活动结合起来，通过农作物生长规律的情景模拟，小动物日常生活中的活动动作模拟，提升学生的运动兴趣，增强学生团结合作的能力，使学生全身心投入课堂。

1. 种植劳动场景里的"融运动"教学

以学校"送教"的公开课为例，通过学校开展的"种植活动"来设计教学。

> 课前准备：通过情景模拟，坐上高铁，观赏沿途风光，通过隧道（安全引导），来到学校。
>
> 活动流程：
>
> 1. 热身活动：走下高铁—伸展腰部—深蹲—膝绕环（做好运动前的热身）。
>
> 2. 情景模拟：农作物的生长"春耕、夏长、秋收、冬藏"（讨论农作物生长规律），来到劳动基地，开展农作物播种、浇水、丰收、储藏的往返跑，学习往返跑中的急停、急起技术动作要领。
>
> 3. 放松练习：通过简短的韵律操，表达丰收的喜悦，达到身心愉悦的目标。
>
> 总结：课堂总结，归还器材，师生再见。

自2018年起国家将每年秋分日设立为"中国农民丰收节"。在2023年秋分日来临之际，教师利用这一节日机会，设计了"我是种地小能手"韵律操活动。在活动开始之前，教师首先开展"祖国农业大发展"主题班会，班会上教师为学生们展示我国近些年农业发展取得的成绩，利用视频、图片等方式，让学生记住了2023年我国农林牧渔业，相比

1952年的461亿元，增长了158 046亿元，达到158 507亿元。了解乡村振兴战略深入实施后，我国农业产业链条和多功能性不断延伸拓展。深刻理解我国"菜篮子""米袋子""果盘子"的变化，让学生相互讨论，彼此分享自己感受到的农业变化。教师以自己的亲身经历告诉学生："老师小时候水果很贵，父母不舍得买，只有家里来客人的时候才会买一点，现在我们国家种植业快速发展，水果变得很便宜，平常我都会买着吃。"之后学生们相互分享自己喜欢吃的水果、自己购买水果的过程，通过讨论与分享，让学生深刻理解我国农业发展的伟大成就。

在分享环节结束之后，教师为同学们创设劳动学习场景，教师坐在椅子上，模拟高铁司机的动作，告诉同学们出发，一同"坐着高铁"来到了劳动基地。教师引导学生模仿在劳动基地劳动的农民伯伯们，讨论农作物的生长规律，让学生们明白要在春天播种、夏天劳作、秋天收割、冬天贮藏的基本种植规律。教师为学生们讲解韵律操的动作。通过教师的示范，让学生们了解播种、浇水、收割以及储藏等动作。教师还细致地为学生讲解不同动作之间的技术要领，讲解韵律操中的安全要点，带领学生们练习韵律操动作，学生们在教师的引导以及彼此的帮助下，逐渐掌握了整个韵律操。在秋分日这一天，教师带领学生开展汇报表演，学生们模拟着自己坐上高铁来到劳动基地、播种、劳作、收割等行为，在表演中感受农民丰收的喜悦。

在这个活动中，学生不仅深入了解了我国农业发展的伟大成就，还在韵律操模拟劳动中体验了农民的辛勤与丰收的喜悦。活动中，学生积极参与讨论和表演，掌握了韵律操的基本动作，增强了身体素质与团队合作意识，同时对从事农业生产劳动的工作人员产生了更深的尊重和感恩之情。

2. 养殖劳动场景里的"融运动"教学

根据学生喂养小动物的一些场景来设置课堂教学：

（1）课前准备：通过情景模拟，学生两人一组分好队，扮演小白兔和喂养员。

（2）活动流程。

① 热身活动：跟随老师模仿练习热身操，分别模仿小鸡摆手臂，小鸭扭腰。

② 情景模拟：喂养小动物的时间到了，小白兔已经想要跳出笼子来吃东西了。请学生们跟随老师练习"立定跳远"（双脚起跳、双脚落地），接下来用跳远越过小沙坑，来到喂养员面前。喂养员注意正确地用上肢力量拿沙包抛到小白兔旁边，模拟投喂。

③ 放松练习：所有学生整队，在音乐伴奏下做放松操，并和同伴交流心得。

总结：教师指出"立定跳""抛物"时的规范做法，鼓励做得好的学生，同时提出矫正动作的练习方法。

（二）劳动课程中的"融运动"设计

就劳动教育而言，它蕴藏在学生的日常学习和生活中，《义务教育劳动课程标准（2022年版）》的课程内容中，也包括了日常生活劳动和服务性劳动。因此，通过分年龄、分学段地设置日常生活劳动和服务性劳动的任务，并将体育游戏、体育竞技融入劳动课程建设中，可以调动学生参与劳动的积极性，正确树立劳动的观念，提高劳动与体育的技能，养成良好的劳动习惯，增强身体素质。

1. "融运动"劳动游戏

根据学生的年龄和学段，我们设置日常生活劳动中的"擦地板"（七年级）、"清运垃圾"（八年级）、"搬运工"（九年级）的体育游戏，让学生在日常生活劳动中自主练习、探究学习。例如："搬运工"的游戏，利用"装运、搬运"这一劳动环节，将劳动教育与游戏化的体育活动融合起来，开展障碍跑活动，增强学生的劳动热情，通过游戏活动提高学生身体的协调性和灵活性。

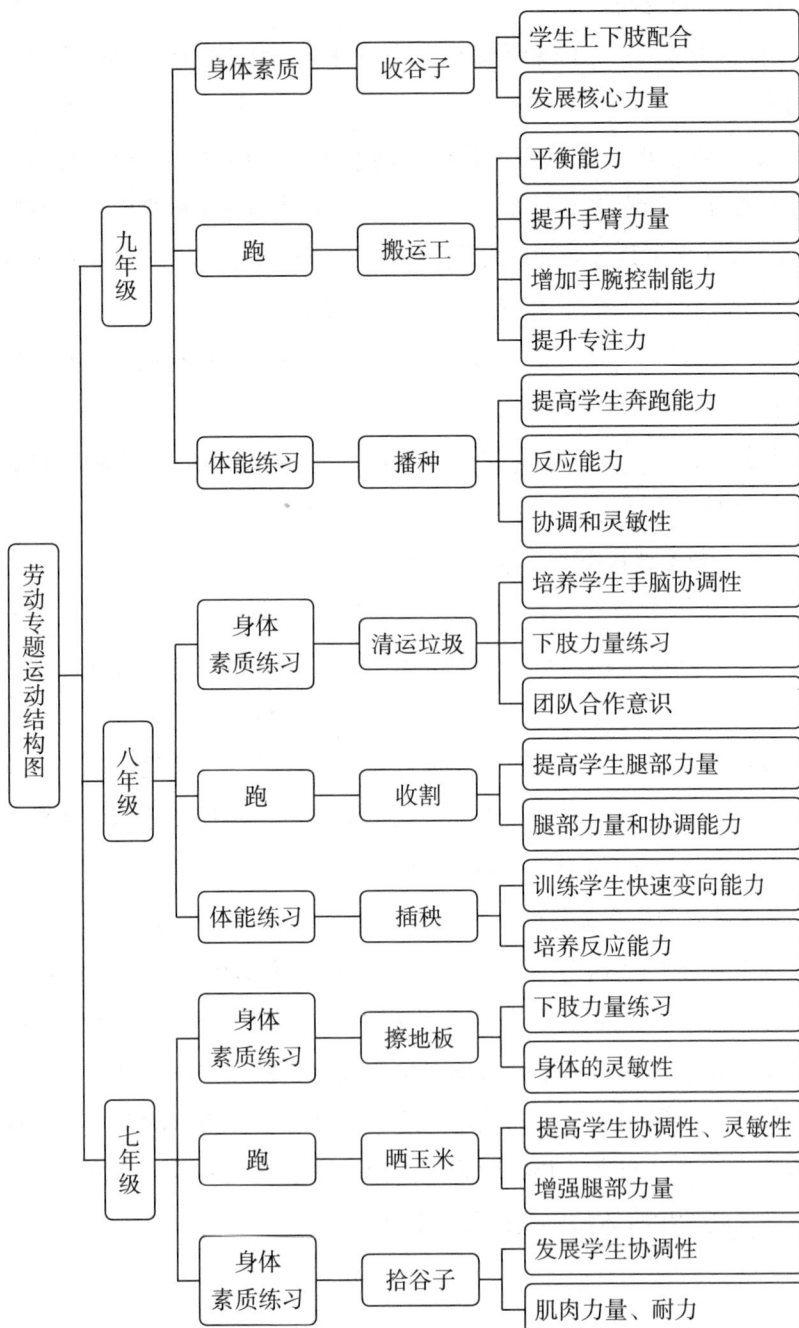

图1　劳动专题运动结构图

劳动专题运动结构图

九年级
- 身体素质 — 收谷子
  - 学生上下肢配合
  - 发展核心力量
- 跑 — 搬运工
  - 平衡能力
  - 提升手臂力量
  - 增加手腕控制能力
  - 提升专注力
- 体能练习 — 播种
  - 提高学生奔跑能力
  - 反应能力
  - 协调和灵敏性

八年级
- 身体素质练习 — 清运垃圾
  - 培养学生手脑协调性
  - 下肢力量练习
  - 团队合作意识
- 跑 — 收割
  - 提高学生腿部力量
  - 腿部力量和协调能力
- 体能练习 — 插秧
  - 训练学生快速变向能力
  - 培养反应能力

七年级
- 身体素质练习 — 擦地板
  - 下肢力量练习
  - 身体的灵敏性
- 跑 — 晒玉米
  - 提高学生协调性、灵敏性
  - 增强腿部力量
- 身体素质练习 — 拾谷子
  - 发展学生协调性
  - 肌肉力量、耐力

教师将学生分为两人一组的若干小组，在学校大扫除的劳动场景中，将游戏设置为：先将擦物品的抹布，通过"抛、接"的上肢训练环节，在规定时间内，看哪一组做得最好。接下来在装运完劳动物品后，两个人抬着筐，在老师设置的斜坡、矮跨栏上面经过，教师充当裁判，观察哪一组在没有犯规的前提下完成任务又快又好。这一障碍跑，既锻炼学生的平衡性，又通过游戏点燃学生劳动的热情。

在刚开学的时候，学生需要利用大课间时间搬书，利用这一机会班主任联合体育老师开展了"我是专业搬运工"课间游戏。班主任和体育教师将几本书打包在一起作为货物让学生在教学门口开展游戏活动。体育教师首先带领着学生们进行热身，并且在热身过程中为学生们讲解游戏活动的规则，学生们每五个人为一小组，首先从楼外的一端带着包装好的书向教学楼门口跑，途中通过抛的形式传递给自己的小组成员，后续的成员同理，直到到达教学楼门口由最后一名组员抱着包装好的书登上楼梯进入教学楼。

在热身结束后，体育教师和班主任联合为学生演示了这个过程，在演示过程中体育教师详细介绍抛物动作与接物动作的要点，告诉学生如何正确发力，如何在接物的时候保护好自己的肢体，"要注意和同伴的距离，瞄准才能抛""接的时候要注意自己的身体姿势，正确地做好接物缓冲"，在抱着书登上楼梯的过程中，体育教师详细讲解负重时应该如何运动，负重时如何保持身体的协调。之后班主任讲解比赛规则，每个小组先后进行"搬运"，用时最少的小组作为优胜，之后体育教师带领着学生们分别开展练习，首先练习搬运过程中的慢跑，然后学生们两人为一组分别练习抛和接，最后练习搬运着书登上楼梯。

在练习结束后体育教师同班主任一起做裁判，每个小组按照顺序开展搬运，学生们熟练地搬运慢跑，完成抛接，最终四组用时最少，成为优胜小组，体育教师带领着学生们做放松运动，结束大课间活动。基于运动设计的劳动游戏，能够让学生更主动地去思考"怎样用力"和"怎样用力才有效"，同时理解我国从事搬运行业的劳动工人的勤奋与辛苦，不仅仅能够掌握更多的体育知识和体育技术，更能培养学生劳动过程中团结合作的品质，使学生认识到劳动中认真敬业的劳动精神。

2."融运动"劳动竞技

在针对学校劳动课程建设的实践中，适当的劳动锻炼结合体育比赛，不仅增强了劳动实践的趣味性，同时也达成了体育核心素养中运动能力培养的落实，以及劳动核心素养中团结合作、珍惜劳动成果的品质培养的落实。例如设计生产劳动中"播种、插秧、收割、晾晒"完整环节的劳动竞技比赛，在播种、插秧时，利用劳动场地分小组比赛，A、C两组为播种组，B、D两组为插秧组，让四组同学配合开展比赛，在既定时间内，看哪组学生任务完成得最多。

在比赛过程中，老师要教学生如何正确地弯腰，如何合理地分配运动力度，如何利用下肢力量，初步学会起落、协调、平衡动作的基本方法，掌握基本动作技能，体验"劳动使人快乐"的道理，形成良好的身体姿态，提高身体素质，培养吃苦耐劳的品质和与同伴顽强拼搏、团结合作的体育和劳动精神。在收获、晾晒时，利用劳动场地开展"抢收作物"比赛、"捡拾果实"比赛，充分锻炼学生奔跑、屈膝、旋转、支撑、负重等体育动作，让学生做的动作更规范，同时利用到劳动过程中，学生探究、合作学习，促使学生培养好的劳动习惯，发扬开拓创新的劳动精神。

在秋收时分，体育教师专门设计了"果实归仓"活动，主要道具是小型篮球，教师告诉学生们，这一个又一个小型篮球就是熟透后落在地上的果实，同学们扮演农民伯伯，从地上把"果实"捡起来之后，通过立定传球的形式传递，最终由最后一个人将"果实"投入筐中，就算完成了"果实归仓"，为了提升学生的积极性，教师还专门讲解了为何农民伯伯会"抢收"农作物，在教师讲解之后，学生不仅了解了农业生产过程中的知识，也对农民伯伯的劳作有了更深层次的理解。

开始环节中，让学生四列横队（两两相向），相距8米左右，相互向前投掷小型篮球，做尝试性训练，教师讲解持球、抛球的要点，教师示范动作，让学生仔细观察，教师示范的过程中详细介绍向后下屈肘和向后上引臂动作；然后让学生以两脚前后开立的姿势站好，教师用手轻托、按持球手，球不出手使其感觉向后上方引臂的方法，体会由下而上的用力过程。

之后，教师让学生分为四组，逐个向前传球，模仿农民伯伯们"果实归仓"的过程。并且用时最短的小组会成为"归仓小能手"。为了能够成为"归仓小能手"，学生们在练习过程中积极讨论该怎么配合，谁来做第一个人，谁做最后一个投入筐中的人。学生们在正式比拼开始之后，相互配合，共同努力，最终由两组同学获得了"归仓小能手"这一称号。

在结束环节，体育教师播放歌曲《劳动最光荣》，带领学生进行自由式放松，进一步升华了学习主题。在放松动作上，体育教师带着学生们做出拍灰尘、跺脚上的泥土、洗手等动作，放松身体的同时，也使劳动之后的健康教育行为自然而然发生。以赛促学，根据新课标的要求，将劳动教育融入体育课堂应以充足的比赛活动来促进学生巩固学练技能，在比赛中实现技能的运用与熟练，并通过合作培养学生团结互助、勇于拼搏的竞赛精神，借助丰富多样的游戏，激发学生参与运动的积极性。

（三）劳动教育中"融运动"的有效评价

在劳动融合体育的课程建设与实践研究中，课程目标、内容是否达成，核心素养是否得到培养，都需要有评价系统来考量，从而使目标、内容、评价形成完整的闭环。劳动教育融合体育锻炼的评价，需基于"五育并举"中"以劳强体""全面发展"的理念，重视学生在"融合课程与实践"中劳动与体育的品质和精神的培养。因此，结合评价的主体、评价的方法与核心素养的要求，学校设计了"342"创新评价体系。

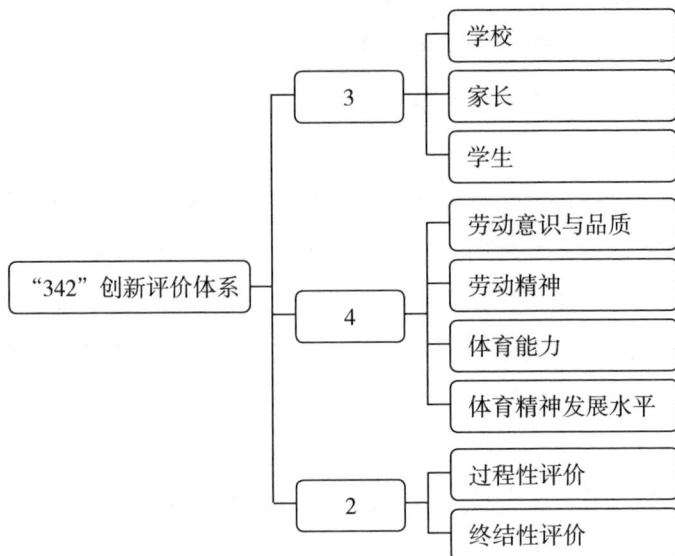

图2 "342"创新评价体系

1. 数字"3"

评价的多元主体，即学校、家长、学生共同完成评价。学生在"劳动融合体育"的过程中，先要完成自我评价，然后让同伴、老师参与评价，同时要发挥家校合力的作用，邀请家长进行评价，避免教育评价的主观性。

2. 数字"4"

核心素养要达成的内容，即"劳动意识与品质""劳动精神""体育能力""体育精神发展水平"。在实践过程中，发现学生的参与度情况，体育、劳动技能展示时掌握的情况，与同伴团结合作的情况，学生创新能力的表现情况，对这些方面给予及时、合理的评价，从而更好地让核心素养的培养落地。

3. 数字"2"

评价的多样方法，即"过程性评价""终结性评价"。"过程性评价"要关注学生在"劳动融合体育"的过程中，学生的努力、进步、学习态度，通过在劳动活动中的表现数据、对比数据，用成长记录袋来进行评价。"终结性评价"则要通过最终的劳动结果、身体素质的情况、心理状况的测评，以学生实际的运动量、知识的获得、心理健康的发展来完成评价。

劳动融合体育运动教学案例

教师依据《义务教育体育与健康课程标准（2022年版）》水平目标及对应课程内容，设计了立定跳远、抛物有关的体育活动，在之前体育课直线跑和往返跑的基础上，设计了"我是专业养殖员"体育课。大部分学生对田间劳动充满好奇，而没有亲身体验的机会。

在家长的悉心照顾下，虽说他们也参加家务劳动，但大部分学生上下学不需要步行，平常在家里养小猫小狗也是用现代化的设备，没有亲身养殖其他动物的体会。利用"我是专业养殖员"情境，学生们能够积极地参与到课程中，并且丰富的活动设计也能够满足学生对于趣味体育的需求。

表1 劳动融合体育运动教学案例

教学目标	（1）通过"立定跳远"的学习，初步掌握"立定跳远"的技术动作，形成正确的概念 （2）增强学生的弹跳力，抛物协调等身体素质的发展 （3）通过游戏，培养劳动意识，坚持乐观劳作、不怕吃苦
教学重难点	（1）立定跳远动作发力技巧、如何保持身体平衡、如何正确发力抛物 （2）立定跳远与抛物中学生如何正确发力
教材分析	立定跳远是初中《体育与健康》教材第一册第二章第二节的主要教学内容，立定跳远具有简便易行的特点，有平地就能进行练习。另外，立定跳远在近两年的中考中是必考项目，所以在初中《体育与健康》教学中占有重要的地位
学情分析	由于初一学生的年龄特点，对于教师讲解多、技术要求高的体育课程内容兴趣不高，但是对于趣味性高、直观的感性思维体育游戏有着很大的兴趣，因此本次教学设计的体育游戏是保障体育课顺利开展的关键

续 表

教学流程	**1.导引** 学生们有没有养过小动物？农民伯伯家里都养什么动物呢？ 设计意图：创设活动场景，提高学生积极性，提升学生参与度 **2.思维热身** 看教师会模仿哪些动物，大家一起做热身运动。教师示范小鸡摆动翅膀、小鸭子扭腰行走、小兔子蹦蹦跳跳的热身动作，带着同学们模仿小动物热身 设计意图：通过趣味性模仿动作这种形式，让学生们积极地模仿小动物，帮助学生养成在运动中先热身的好习惯。 **3.活动过程** （1）同学们谁先来扮演喂养员？将学生分为四组，排队站好，其中一名学生到队列前5米的位置站好扮演喂养员，其余的同学扮演小白兔 （2）小兔子们向前跳两步，喂养员将白菜扔到小兔子身边 （3）教师为学生示范立定跳远动作，讲解动作要点，教扮演喂养员的同学抛物动作，讲解动作要点，带着同学们练习立定跳远和抛物动作 （4）结束活动 整队，播放舒缓的音乐，做放松动作，教师引导学生们相互分享练习中的体验与收获

通过养殖场景融入运动的教育设计，学生不仅可以学会立定跳远以及抛物的技巧和方法，解决立定跳远以及抛物时身体如何保持平衡这一问题，感受立定跳远的动作变化，突破在抛物过程中需要全身协调用力，在立定跳远中需要动作敏捷流畅的难点，发展核心肌群力量，提升学生的身体协调性、平衡能力等体能。同时适时进行避免碰撞、劳动后及时洗手等安全、健康教育。结合课外活动内容，课程设计不仅有助于学生进一步体验移动性技能，促进体能发展，在培养劳动意识，坚持乐观劳作、不怕吃苦等方面也有积极的意义。

二、实施效果

"五育并举""融合育人"理念下引领的新时期劳动教育，应该是更加富有创造性、更加具有互动性、更加充满活力的教育新样态。在

"劳体融合"实践过程中，让学生在劳动中练习体育技能，在体育活动中培养劳动兴趣，增强热爱劳动的品质，并传承优良的劳动精神，从而促进学生全面发展，形成适应未来社会发展的能力和品格。这才是新时期素质教育、高质量教育的育人价值所在，才能真正实现教育现代化的目标。

劳动课程之"融探索"

攀枝花市实验学校金江校区　姚丽　曾菊　涂梅

一、案例背景

2020年7月，教育部印发的《大中小学劳动教育指导纲要（试行）》（以下简称《纲要》）明确指出："劳动教育是发挥劳动的育人功能，对学生进行热爱劳动、热爱劳动人民的教育活动。"《义务教育劳动课程标准（2022年版）》提出要"让学生动手实践、出力流汗，接受锻炼、磨炼意志，培养学生正确的劳动价值观和良好的劳动品质。"我校劳动教育遵循《纲要》要求，结合新时代"五育并举"的理念和学校实际，开展劳动教育融入各学科教学工作，拓宽了新时代劳动教育的途径，形成了全新育人模式的方向，实现了劳动育人的功效。为了更好地发挥劳动教育的价值，我们提出"融·探索"的理念，旨在探索劳动教育新的方式与内涵，将劳动教育与全学科课程深度融合，让学生在实践探索中综合运用多学科知识，形成综合解决问题的意识和能力，进而加深对劳动学科意义和价值的认识。

依托学校"种植基地、养殖园、鸟语林"等劳动场所，创设劳动教育的情景，基于学生真实生活，打破学科界限，融合道德与法治、语文、数学、音乐、美术、体育、科学等学科，分年级段开展不同主题的劳动教育。本学期我们的劳动探索课程主要通过艾草、甘蔗、花生、黄豆的播种、生长、施肥、浇水、开花、结果、收获等来展开。

二、案例实施过程

（一）劳动教育中的"融探索"课程设计

"融探索"融什么，探什么，都需要学生和教师去思考。我们的课程设计以"探"而"践"，以"探"促"学"，由"探"得"果"为实施方向。

从学校立德树人的根本任务出发，遵循不同学段学生的认知水平和身心发展规律，以学生提出未知为主导，教师为辅助的形式将学校劳动教育与德育、智育、体育、美育、信息技术相融合，统筹设计我校"劳动教育+N"的目标、内容、方法及评价，以打造目标明确、上下衔接、重点突出、协同推进的课程结构。以下是各主题课程的前期设计背景和思路：

1.一、二年级的《浓浓艾草香·走进艾融课堂》课程

艾草是一种叶类植物，作为中医药文化的重要组成部分，多数人对它的了解仅局限于端午习俗。通过劳动课程的主题探索，可以让学生了解艾草的特性和应用。以探索目标来设计课程，例如播种时间，施什么肥，成品可以做什么，等等，通过种植、养护、应用艾草等一系列实践活动，可以培养学生的动手能力、观察能力和解决问题的能力，从而深入传承和弘扬中医药文化，激发他们对自然和科学的热爱和探究精神。艾草劳动课程实施过程中，它不仅仅可以让学生学到知识层面的东西，更可以让学生在绿色的大自然中活动身体、锻炼身体，同时通过与自然的接触，可以缓解压力、放松心情，促进身心健康和全面发展。

2.三、四年级的《"豆"你玩》课程

黄豆看似小小一粒豆，内里其实大有讲究。有小朋友会疑问"豆浆是从哪来的，是不是像牛奶一样也是从动物的身体里来的？"

"豆腐是长在水里的吗？"本课程从我们的餐桌入手，来源于生活，取之于生活，用之于生活。在黄豆种植过程中，教师指导学生在关注作物生长过程的同时，可以运用哪些方法来记录，探寻其生长奥秘，积累自然科学知识，建构科学探究经验。特别引导学生关注种植过程中可能出现的豆子缺水、发霉等情况，从而让学生在种植的过程中体验劳动创造的魅力，在享用劳动成果时拥有成就感，在面对种植失败时磨炼意志，体会"粒粒皆辛苦"的不易。

3. 五年级的《落花生》课程

花生是一种地下果实类植物。本课程旨在传承和发扬我国花生种植文化，主要包括花生的生长过程、营养价值、种植技巧和项目开发。首先，探索花生的生长过程，让学生了解花生的生长周期、生长环境以及开花、结果等重要阶段。其次，探索花生的营养价值，阐述其富含的蛋白质、脂肪、矿物质和维生素等营养成分，强调花生对人体健康的益处。最后，实践花生种植技巧，包括选种、整地、播种、管理、收获、成品展示等方面，通过不同的活动形式，将花生的一生与学校学科课程相融合，让学生易学、易懂、易动。

4. 六年级的《"蔗"里有惊喜》课程

甘蔗是一种茎类植物，是攀枝花地区比较有代表性的一种水果，它甜甜的，能带给人们愉悦的感受，我们的学生无一例外都喜欢这种家门口的水果。甘蔗在攀枝花的种植面积很大，选择甘蔗作为我们的一个课程主题，不仅能让学生亲身感受到经济作物在我们生活中扮演的重要角色，更能使学生产生一种身为攀枝花人独有的荣誉感。甘蔗课程的选择，激发了学生的探索兴趣，他们迫不及待地想了解甘蔗的一生。通过走访果农，实地考察，分享探讨，学生学习到了甘蔗的基本养护，基础农耕工具的使用，了解到了先进创新工具的发展。为我们的课程设计收集了大量的可用素材。

在课程设计的同时，我们的劳动教育不仅在校内，更与学校周边和所在地区的各类资源密切相关。我们整合了社会资源，与企业、农场、社区等建立合作关系，学生就拥有了更广阔的劳动教育实践场所。

艾草

- 土地准备
  - 选地：地势平坦、土壤肥沃、通气良好
  - 整地：深耕、施肥
- 播种
  - 一般3月份播种，之后覆土、浇水
- 管理
  - 除草
  - 施肥：有机肥为主，适当配合化肥
  - 灌溉：保持土壤湿润，避免过度浇水或干旱
  - 防治病虫害：定期检查，采取有效措施防治
- 采收加工
  - 采收时间：一般在端午节前后
- 加工
  - 中药材：温经散寒、活血通络，治疗感冒、咳嗽等
  - 染料：染纺织品
  - 食用
    - 鲜食
    - 茶叶：清热解毒、提神醒脑等
    - 糕点：青团等
  - 护肤品
  - 驱蚊
  - 除臭
  - 艾条、艾绒

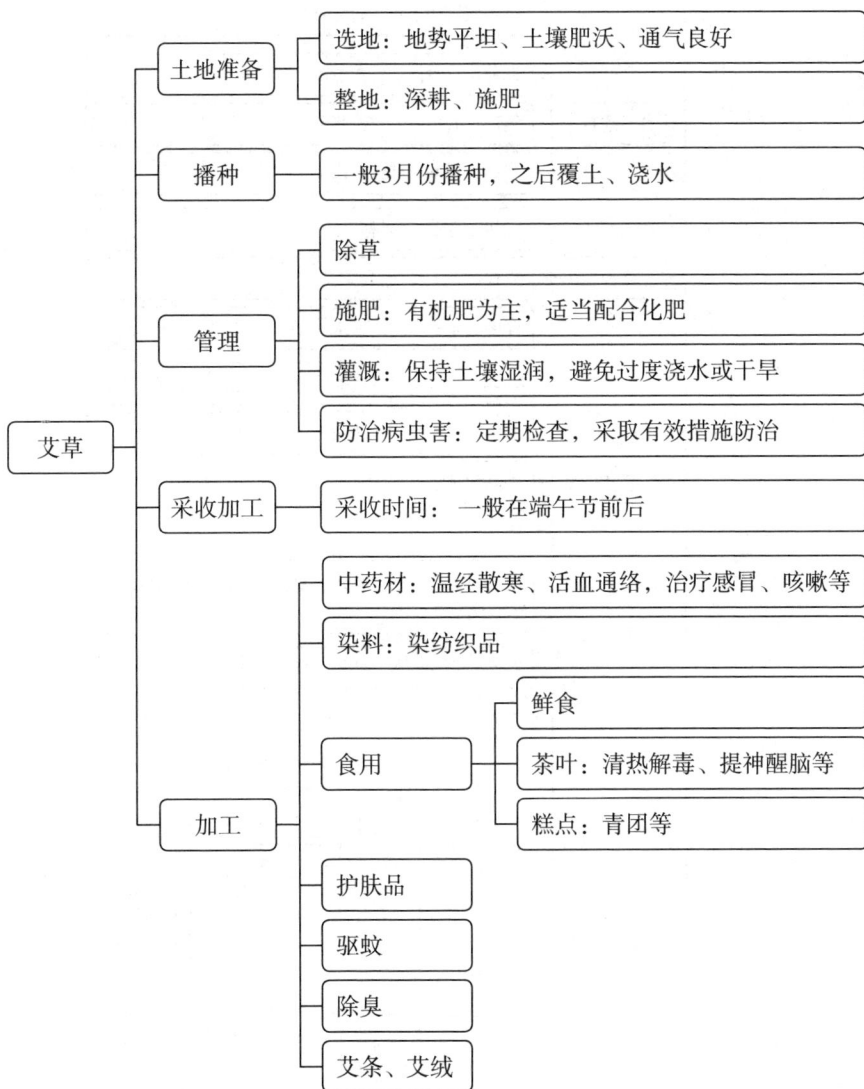

图1　艾草知识思维导图

土地准备
- 选地：中等以上肥力、保水保肥、疏松透气、排灌良好
- 整地：深耕细作，每亩施入腐熟农家肥2000千克、过磷酸钙50千克、硫酸钾15千克

种子准备
- 选种：品质优良、产量高、抗病性强
- 晒种：播种前2—3天晒种
- 处理：药剂拌种以防病虫害

播种
- 时间：春季（3月初）
- 方式：人工
- 深度：4—5厘米，保持一致

黄豆

管理
- 施肥
  - 基肥：整地时施农家肥或复合肥
  - 追肥：尿素或者复合肥
- 灌溉和排水
- 除草
- 防病虫害：锈病、蚜虫、豆野螟，选低毒、低残留农药喷洒

收获
- 时间：豆荚变黄、叶子变黄脱落
- 方式：人工
- 豆荚
  - 绿色
    - 煮毛豆
    - 炒瘦肉
    - 打豆笙
  - 黄色
    - 果仁
      - 酥脆黄豆
      - 豆浆
      - 豆腐脑
      - 豆筋
      - 种子画
    - 果壳
      - 手工
      - 绘画

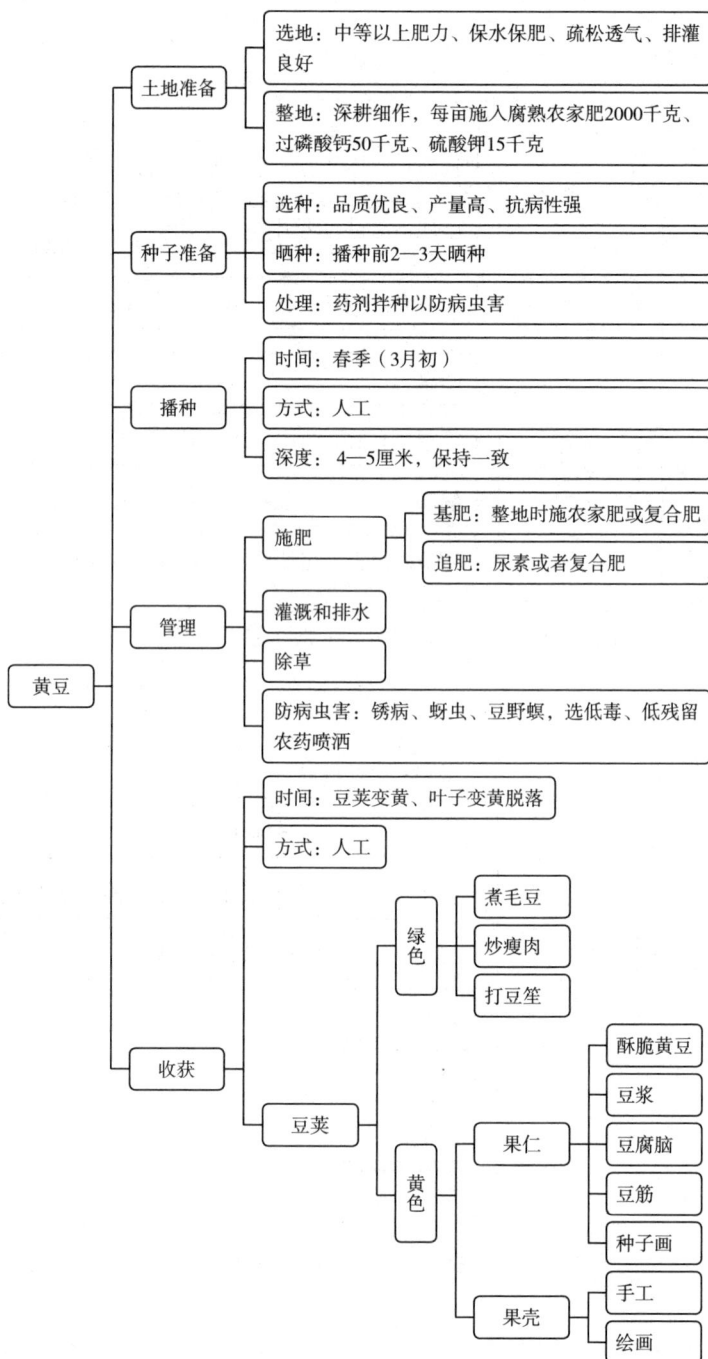

图2 黄豆知识思维导图

```
                    ┌─ 土地准备 ─┬─ 选地：土层深厚、土壤疏松、肥力中等、排灌方
                    │           │   便、砂质土
                    │           └─ 整地：深耕细耙
                    │
                    ├─ 种子准备 ─┬─ 选种：优质、高产、抗逆性强的品种
                    │           ├─ 晒种：播种前2—3天晒种
                    │           └─ 拌种：适量药剂拌种防病虫害
                    │
                    ├─ 播种 ─────┬─ 时间：3月初
                    │           ├─ 方法：穴播，穴距15—20厘米，每穴2—3粒
                    │           └─ 深度：3—4厘米
                    │
                    │           ┌─ 施肥 ───┬─ 基肥：每亩腐熟有机肥2000—
                    │           │         │   3000千克，复合肥30—40千克
                    │           │         └─ 追肥：根据生长情况适时追施
                    │           │             氮磷钾肥
花生 ─────┼─ 管理 ─────┼─ 水分 ───┬─ 浇水：播种后及时浇水保持土壤
                    │           │         │   湿润，促进种子发芽
                    │           │         └─ 排水：田间无积水
                    │           └─ 病虫害防治 ─┬─ 原则：预防为主，综合防治
                    │                       └─ 方法：生物、物理、化学方法
                    │                           综合防治
                    │
                    └─ 收获 ─────┬─ 收获时间：荚果饱满、果壳硬化、网纹清晰
                       与晾晒    ├─ 收获方法：人工
                                │
                                │          ┌─ 鲜果 ─┬─ 水煮花生
                                │          │        └─ 卤花生
                                │          │
                                └─ 果实 ───┤                    ┌─ 酒鬼花生
                                           │                    ├─ 挂霜花生
                                           │          ┌─ 果仁 ──┼─ 花生酱
                                           └─ 晾晒 ───┤         ├─ 花生酥
                                                      │         ├─ 花生豆腐
                                                      │         └─ 种子画
                                                      │
                                                      └─ 果壳 ──┬─ 手工
                                                                └─ 绘画
```

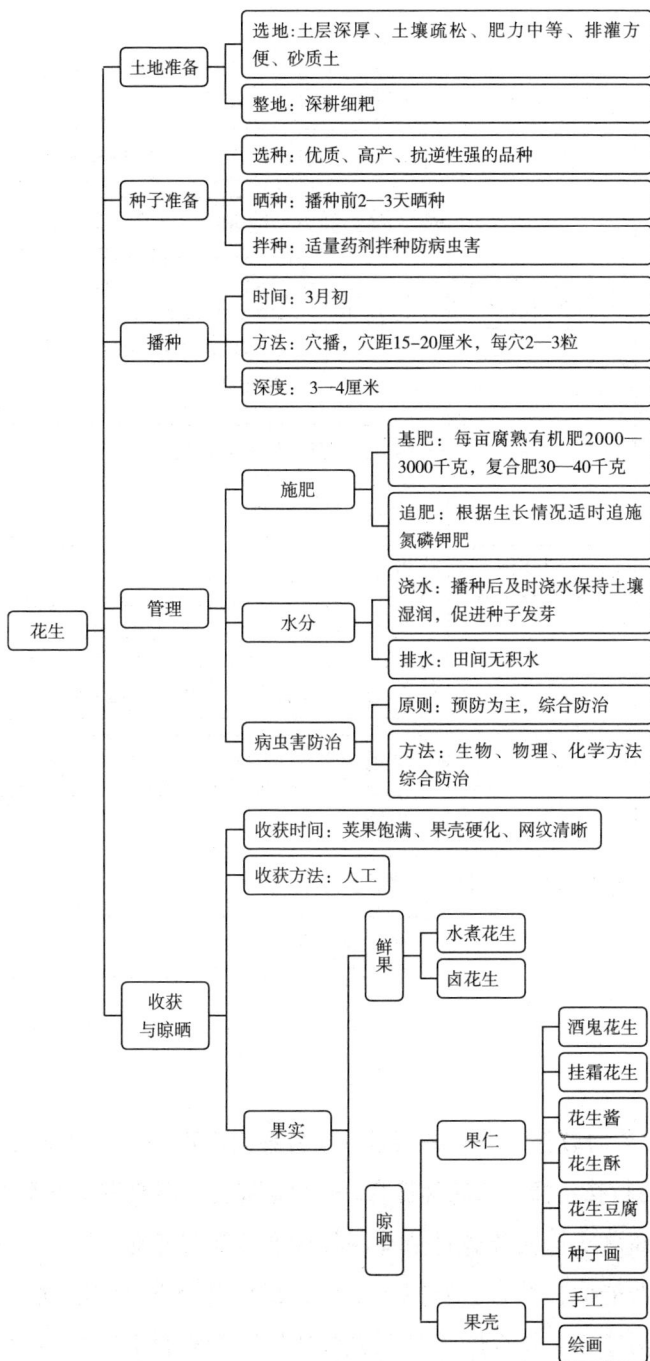

图3 花生知识思维导图

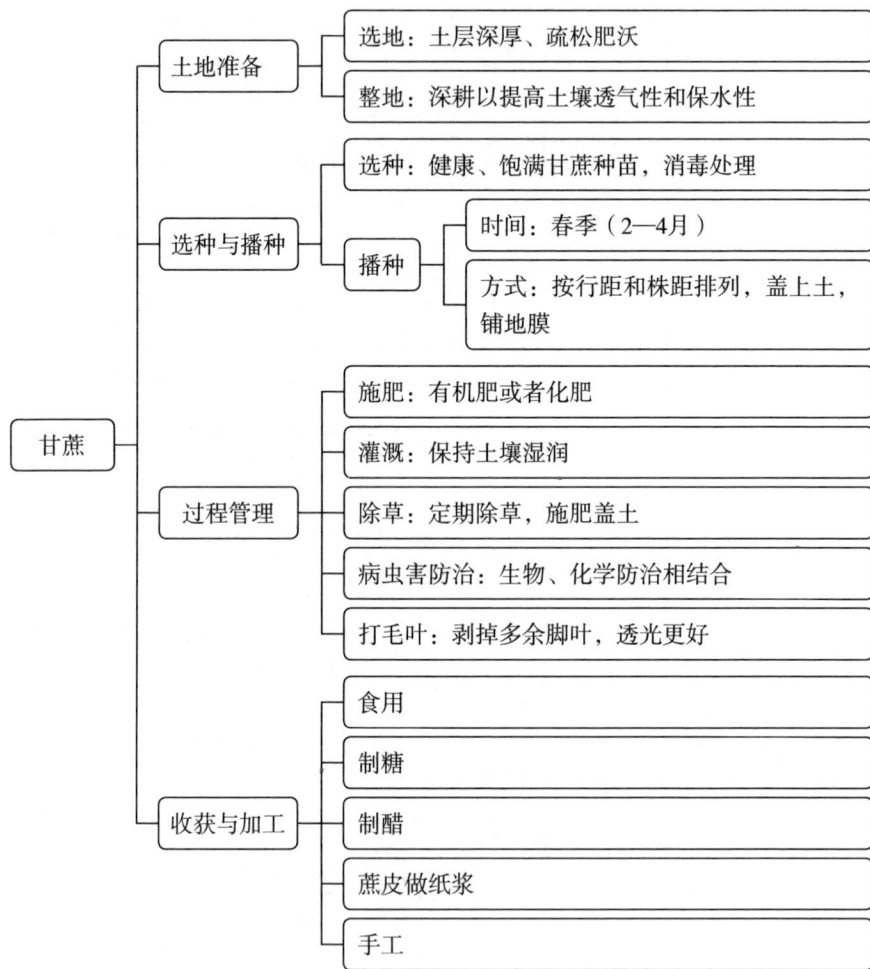

图4　甘蔗知识思维导图

（二）劳动教育中的"融探索"学科融创实践——以"花生"为例

1."粒粒花生情，浓浓种植意——好事花生"融创课堂方案制定

为全面落实《义务教育劳动课程标准（2022年版）》，培育孩子们的劳动实践能力，结合"双减"工作，将校区全学科"融创课堂"落实在每一个活动中，结合学校"阳光农庄"劳动教育实践基地，给孩子们一个动手展示的机会，2024年5月24日，我校区五年级开展了以"粒粒花生情，浓浓种植意——好事花生"为主题的花生播种融创课堂。在方案中我们对活动目标，活动时间，融创课堂学科安排，活动评价，活动场地，活动资源等进行了详细的说明。

表1　活动评价表

评价项目	评价要点	自评	师评
在活动中参与的花生播种融创课堂	1. 认真参加每一次活动		
	2. 学会种花生技能		
	3. 独立思考、自主学习，主动发现问题，提出问题，并寻找解决问题的方法		
	4. 乐于合作，能和同学交流，尊重他人		

注：1. 评价结果分为A、B、C、D四个等级。2. A表示好；B表示较好；C表示一般；D表示尚可。

2. "粒粒花生情，浓浓种植意——好事花生"融创课堂展示

2024年5月18—27日，我们迎来了"（2023）四川省统筹项目——攀枝花市义务教育、学前党组织书记研修培训"的50名党组织书记，在攀枝花市实验学校党委书记余晓梅的带领下，全程参与了金江校区"劳动教育"的专题培训。

3. "融探索" "融审美"课程

首先，少先队红领巾讲解员分成四个小组，生动形象地向老师们讲述着学校鸟语林的劳动故事，并邀请老师们观看我们的养殖视频，让参训学员们直观真切地感知我们学校的"融探索"课程的开展和实践。

接下来，红领巾讲解员带领参训学员们来到我们的"融审美"课程参观与互动展区，让老师了解我们学校劳动教育融合美育的实践过程，并现场邀请老师们亲自动手体验、操作，完成书签拓印和植物拓染，现场参与活动的老师们也在不断的探索过程中成功地获得了自己亲手制作的作品。

4. 融创课堂教学展示

在"双减"政策的背景下，新时代学校高质量内涵发展成为促进教学改革的新动力。在本次活动主题下，我校将实践了两年多的"融创+劳动教育"课堂，再次呈现给本次前来培训的50位党组织书记，希望借此机会，对我校"融合育人视域下的劳动教育创新"进行深度的研讨和专业点拨，从而让"研无止境，行以致远"。

表2 攀枝花市实验学校金江校区融创课堂教案

主题	粒粒花生情，浓浓种植意——好事花生
授课班级	五年级一班
教学过程	一、导（学科：英语） 由了解花生、花生壳、花生仁的英文单词导入活动主题，创设劳动情境 二、学（学科：数学） 由学习长方形面积的数学知识，作为开展劳动教学的根本，体会数学与劳动的密切联系 三、练（学科：劳动） 结合英语和数学知识，思考花生的种植方法，开展实地操练活动 四、展（学科：美术） 回忆种植花生的过程，运用美术表现——泥塑，塑造展示出花生生长的第一个历程——播种 五、结（学科：语文+道德与法治） 回顾融创的四个场景，选择印象最深刻的场景，总结表达出自己的真实感受
课堂总结	本堂劳动融创课以"劳动+N"模式开展，教学过程中涉及语文、数学、英语、美术、道德与法治的学科知识，旨在利用劳动内核来促进其他学科的学习，让劳动教育不仅仅是传统的动手实践，更是一种全面的教育方式，从而更好地培养学生的核心素养

5. **"粒粒花生情，浓浓种植意——好事花生"中期管理**

播种后，就是让花生自由地生长，要想让花生长大，果实饱满，就离不开我们的日常养护，如除草、除虫、施肥等。这个管理过程我们主要通过花生种植手册来记录。

图6 花生种植记录表

表3 花生种植病虫害观察、处置表

日期	花生病虫害描述	花生病虫害名称	预防措施	防治效果

学生可对照病虫害图谱和花生常见病害，当一次小医生，给花生看看病，治一治！

在劳动融探索课程建设与实践研究中，课程目标、内容是否达成，核心素养是否得到培养，都需要有评价系统来考量，从而使目标、内容、评价形成完整的闭环。劳动教育重视学生在"融合课程与实践"中劳动和体育的品质与精神的培养。因此在中期花生生长阶段，我们不仅勤于记录，还通过阶段性评价来评价学生能否与伙伴互助协作，共同完成劳动流程记录，并通过图画和文字清晰地呈现植物的生长变化过程。

表4　种植养护手册评价表

评价内容	小组自评	小组互评	师评
完整度高、内容科学（10分）			
包含植物命名（10分）			
包含形态结构特征（10分）			
包含生长习性特点（10分）			
包含具体的管理方法（水分管理、施肥间隔时间、防虫除杂草方法）（10分）			
包含蔬菜成长不同阶段的图片（10分）			
注重小组合作，全体组员共同参与（10分）			

6."粒粒花生情，浓浓种植意——好事花生"收获及成果

"纸上得来终觉浅，绝知此事要躬行。"新时代的教育不仅仅是从书本上获得知识，还要通过实践活动来检验。"阳光农庄"所有收获的农作物最终都会用于日常生活劳动任务群里的"烹饪食育课程"和服务性劳动任务群里的"餐饮服务体验"，老师们全程与学生互动体验，辛勤劳作，巧手作美食，慧心调珍馐。整个活动老师和学生们欢声笑语，气氛热烈，真正让劳动教育做到"知行合一，融合育人"。

三、实施效果

"五育并举""融合育人"理念下引领的新时期劳动教育，应该是更加富有创造性、更加具有互动性、更加充满活力的教育新样态。从我们实践的案例中不难发现，融创课堂是一种适应新课改要求，以问题为导向，培养探索性、创新型人才的课堂。在学校"阳光农庄"这个生态场域中，我们以生命作为原点，教师统筹做引导，学生自主探索发现为手段，遵循生命成长的规律和知识的内在结构，有机融合了各学科教育教学资源，从而激发了学生的劳动兴趣、全方位培养了他们的劳动技能以及持续化培养了他们的劳动习惯，让学生在劳动中锻造美德，在劳动中创造美好。当然，在整个活动中，进步的不仅仅是学生，我们教师也不再是传统意义上的"教书匠"，而是成了"探索型""研究型""有融创"思维的新型教师。

温暖在我心

攀枝花市第一小学　杨建林

情景一

第一次见到杰的母亲是在新接这个班的第二周，因为孩子上课注意力不是很集中，也因为他有几次没有完成家庭作业，所以我联系了家长，想了解一下孩子原来的学习情况和学习习惯。

一个瘦瘦的年轻女子走进了办公室，看上去也就是比我大了几岁，心里觉得既然年龄相差不大，沟通起来应该没有问题的。可是再一看她的表情，我吓了一跳，她显得局促不安，眼睛里面也写满了谦卑，而且着急得眼泪都要掉下来了，办公室老师很多，为了不让她觉得很紧张，我示意她和我一起走到了办公室外面的小操场上聊了起来。

我说："小杰妈妈，不要紧张，我只是想问一下孩子在家的学习情况，他又没有犯多大的错误。"羞涩的她心情才渐渐平静下来，没有像之前那样紧张了。

经过一番了解和沟通才知道她和孩子的情况：他们是单亲家庭，孩子还不到1岁的时候，她和孩子的父亲就分开了，孩子的生活学习全部都是由她一个人在负责，没有固定的工作，一个人辛苦地在外面打工挣钱来维持两个人的生活，所以她特别希望孩子能够好好学习，在学习方面从来不敢怠慢，只是这几天因为太忙了所以孩子的作业没有检查好。

我没有一开始就数落她为什么没有管好孩子，为什么没有检查好孩子作业。而是温和地和她说了下孩子这段时间课堂上的表现，还有作业里面出现了什么样的问题，并告诉她在家里应该怎么样来和孩子好好沟通，不是出现了问题，就打孩子一顿。小孩子怎么会不犯点儿小错误，只要找到问题的根源，找到合适的方法来解决了问题，让孩子改掉不好的习惯就好了。

在她离开以前，她告诉我说，她其实一直很怕老师，可是却觉得我有点不一样。她表示以后会好好和孩子说，不会再动不动就打孩子了。说这句话的时候，她掉眼泪了，我心里觉得有点难过，还有对她的心疼。

下午到学校，杰远远地就和我打招呼，脸上除了羞涩，还有暖暖的笑容。在后来的课堂上，杰听话多了，还积极地帮我做很多事情呢！

情景二

新学期，我担任了班级的班主任工作，也因为正处于手术恢复期，伤口发炎，所以觉得很辛苦，开学前的工作就已经让我觉得吃不消了。

到新学期报名的那天，早上我坚持着把报名工作结束了，回到家躺在沙发上都不想动。下午到校上课，一到教室门口就看见已经有三个家长在门口等候，我连忙上去问他们："是不是有事情需要我处理，请你们先到办公室坐一下，我可能要一会儿才有时间。"

只听见小阳妈妈和晓宇妈妈齐声说道："杨老师您忙，一会儿要去领书了就叫我们，我们没有事情找您，就是来帮您领书的，您不是身体还没有恢复吗？看看还有什么事情需要我们帮忙您就说一声……"后面还说了些什么，我都没有听得很清楚了，因为真的很感动，一年的相处，家长真的让我收获了很多的温暖，在这样的时候，他们可以想到这些，怎么能让我不感动呢？

他们帮着去领书，帮着把书发完，把教室清理干净，把重活儿累活儿都做完了，然后说："杨老师您忙，我们先走了，您要注意身体，有什么事情叫我们一声就可以了，千万不要拿重东西哦，要照顾好自己。"我连声说着感谢的话，却发现自己好像都不会讲话了。

此刻她们在我的身边，忽然让我觉得很感动、很温暖，也很安心，她们像是朋友，也更像是姐姐。

以爱之名，呵护学生心理健康

——小学生心理健康案例分析

攀枝花市第一小学　吴娟

小陈是小学五年级时转到我班上来的男生。刚来的时候表现得很内向。可是时间长了，"本性"就露出来了：辱骂同学、顶撞老师、不服管教……开学第一课就是感恩教育，我请他和大家分享一下自己父母为他做的感人事例。他站起来说："为什么其他人不说你就让我说？你分明就是针对我！"

一、原因分析

我经过和他家长的交谈了解到，小陈同学的爸爸是藏族人，在攀枝花做水果生意。爸爸很爱他，但是不知道表达爱的方法，对孩子的错误非打即骂。妈妈跟着爸爸一起经营着水果生意，很少来学校。有一次，小陈在学校发烧了，他爸爸去外地批发水果，他妈妈来学校接他。小陈很不好意思，因为他妈妈是名侏儒症患者，身高还没有小陈高。所以小陈在一定程度上是很自卑的。再加上水果摊社会环境复杂，大人们总是满口脏话，社会气息浓重，所以小陈或多或少也沾染了一些不良习气。因此，小陈在学校的表现就有互相攀比、踩低捧高、说脏话、自尊心极强等迹象。

二、个案处理

1. 加强与其家庭的联系，说服其家长向孩子正确表达爱意

有一次，小陈约了几个同学在一家老年人活动室外踢球。老板出来好心劝说他们到别处去玩，避免不小心伤到老爷爷、老奶奶给自己惹麻烦。小陈为了在同学面前展现自己的"大哥"风范，直接和老板对着干。先是不理睬，后来发展为骂脏话，最后和老板发生冲突。小陈爸爸得知消息后，来到活动室外，不问原因就和老板大打出手。旁边的围观者赶紧报警，社区民警出面事情才得到解决。这次事件，小陈并没有从中得到教训，依然我行我素。于是我找小陈的爸爸单独面谈，请他把"爱"大胆地告诉孩子。"默默付出"固然重要，但是"大声说出我也爱你"也必不可少。首先，要给孩子树立正确的道德观和是非观，对身边的一些语言和行为要有辨别能力，不能一味地模仿。其次，当孩子犯错误时，不要一味地打骂，要让孩子明白自己到底错在哪里，以后遇到相同或相似的情况时才不会再次犯错。最后，别把孩子保护得像个小宝宝，有些话是可以让孩子知道的，比如父母的辛苦以及生活的不易，要让孩子学会感恩。

2. 爱护、尊重学生，给予较多的情感关怀

其实，学生的心灵是最敏感的，他们能够通过老师和同学对自己的态度来判断老师和同学是否真心爱自己。当孩子感觉不到老师和同学的重视和关爱的时候，他们出于自尊心的保护，就会像刺猬一样，去攻击别人，从而引发别人对他的关注，哪怕是恶意的关注。也就是我们常说的"刷存在感"。

小陈家的经济状况并不是很富裕，他爸爸给他买了一块2000元的玉佩。小陈的虚荣心得到了极大的满足，开始瞧不起班上其他同学。他曾经对一个同学说："你们家那么穷，你不配和我说话。"那个孩子哭着回家问妈妈："妈妈，我们家真的很穷吗？"这件事是那个妈妈哭着和我说的。那个妈妈很能干，家里有三个孩子，夫妻二人打工赚钱全款买

房，对孩子的教育也是很上心的。我连忙安抚好那个妈妈，之后对小陈
进行了教育。

我说："小陈，你的玉佩很漂亮，一定很贵吧？"

他说："那肯定的呀！2000多呢！"

"嗯。看得出来。那你一定要好好保管哦，千万别弄坏了。这么漂亮
的玉佩，你的爸爸、妈妈有没有呢？他们戴上一定和你一样好看。"

"他们没有。我爸爸只给我买了。还是他去外地进水果的时候买
的呢。"

"那么他们为什么没有呢？"

"因为……因为太贵了。爸爸舍不得……"

"看来你爸爸和妈妈都很爱你哦，这么贵重的东西全家只有你有。那
你更应该好好保护了，是不是？"

"嗯。"

"这块玉佩是你爸爸辛辛苦苦赚钱买来的对不对？爸爸厉不厉害？"

"厉害。"

"其他同学的爸爸妈妈也很厉害。比如双双的爸爸和妈妈，他们靠自
己买了房子。你知道一套房子多少钱吗？"

"……不知道……"

"那你觉得你的玉佩和一套房子，哪个花的钱更多呢？"

"当然是房子了。"

"是的，房子更贵。但是玉佩也好，房子也罢，这些钱都是爸爸妈妈
辛苦赚来的，你们有付出吗？"

"……没有……"

"那我们同学与同学之间都是平等的，对吗？我们应该比的是我们
自己能做到的事情，比如谁更讲卫生、谁更孝顺父母、谁的学习更棒，
而不是谁的父母更有钱，是吗？比如今天你就可以和双双比一比谁上课
回答的问题更多，或者比一比下次测试谁的分数更高。这样才能展现你
自己的本事和实力呀。那么，以后不要说那些不利于同学之间团结的话

了。要知道'恶语伤人六月寒'啊。"

"……老师，我知道了，以后我不说了。"

三、温暖的回访

转眼，小陈毕业了。毕业后的第一个教师节，那天下着大雨，小陈给我打电话，说他在校门口，想来看看我，问我有没有时间。我欣喜地跑到校门口，看到小陈和几个同学一起，打着伞站在雨中。小陈踌躇半天，拿出一束鲜花递给我，说："老师，这是我帮着爸爸妈妈卖水果赚的钱买的，祝您节日快乐！"我心里瞬间感觉特别温暖。

学生需要爱，教育呼唤爱。爱像一团火，能点燃学生心头的希望之苗；爱像一把钥匙，能打开学生心头的智慧之门；爱是洒满学生心灵的阳光，能驱散每一片阴霾，照亮每一个角落，融化每一块寒冰。愿每一位教师、家长不光有爱，而且善于爱。

从黑色嫉妒到白色嫉妒

——学生叶某"装病"心理案例剖析

攀枝花市第一小学　王洪

班上有一男孩叶某经常在课堂上生病，说自己头痛或肚子痛，并且表现得病得很严重的样子。并一再向我强调："老师你一定要告诉我妈妈，我这次是真的真的生病了。"每每联系家长，家长都是淡淡地说没事的，让孩子坚持到放学。每学期都会反复多次发生此类事件，与该生母亲沟通后，才得知叶某是嫉妒自己刚刚3岁的弟弟。近两年不论叶某弟弟咳嗽发烧，还是头晕肚痛，他都会出现同样症状，甚至更严重。父母开始也很紧张叶某，把他送到医院去看医生，结果每次医生诊断结论都是：没有病。如此上演多次，叶某的父母也就不再相信他，对他的态度很漠然。他幼小的心里认为自己是弟弟的陪衬。作为利益被损害、亲情被漠视者，他对弟弟更多的是嫉妒。但是，这嫉妒并不是一成不变的，而是在发展变化着的，从委屈性的一般嫉妒膨胀到报复性的黑色嫉妒，最后转变为竞争性的白色嫉妒。

一、可比性——嫉妒的根源

朱智贤主编《心理学大词典》中对嫉妒的定义是："与他人比较，发现自己在才能、名誉、地位或境遇等方面不如别人而产生的一种由羞愧、愤怒、怨恨等组成的复杂情绪状态。"

嫉妒在比较中产生，一般而言，嫉妒容易发生在地位相等、年龄相仿、程度相同的人之间。叶某同弟弟形影不离，是同父同母的亲兄弟。虽然父母同样关爱呵护，但是，作为父母小儿子的弟弟，因年龄小，能力弱，得到父母更多的照顾和爱。平时父母及爷爷奶奶、外公外婆常对叶某说，你是哥哥要让着弟弟。你是哥哥你要帮助弟弟。这就是中国民间常说的"百姓爱幺儿"。使涉世不深的叶某忍不住总与弟弟相比，从而产生莫可名状的嫉妒。

这些，是叶某嫉妒产生的根源。

二、委屈性——嫉妒的萌芽

亲人的偏心使叶某心中常存委屈，作为家庭中亲情的失意者，心理上的伤痛，尤其是竟然在亲生母亲那里也得不到应有的温情与关爱，使他产生缺少安全、爱护、依靠的被遗弃感，进而形成较为强烈的"自卑情结"。他的心理伤痛无法缓解和消除，于是对弟弟产生一种不自觉的愤怒。趁父母不在身边时恶狠狠地骂弟弟是"讨厌鬼""小笨蛋"等，或是作弄弟弟，甚至有时还动手打弟弟。被父母发现后，也遭到父母的责备。骂弟弟，是他委屈的外化，是他嫉妒心理的自然流露。

这个阶段是叶某嫉妒的萌芽阶段，是最早的、程度较浅的阶段。叶某自觉不如弟弟受宠，更多的感受是委屈，因委屈而羡慕、烦恼和痛苦。他的嫉妒心开始滋生，有语言上的流露，但还没有主观动作的表现。

三、报复性——嫉妒的深化

路德维希-马克西米利安-慕尼黑大学心理学教授迪特尔·弗赖认为："嫉妒在性质上可分为白色和黑色，若是以'嫉妒刻度表'来表示，它的两极分别是白色和黑色……怀着黑色嫉妒心的人则不然，他们对别人的成功总愤愤不平，觉得自己吃了亏，猜忌别人，指责成功者。这种心理是恶性的、消极的、带有破坏性。"

嫉妒已经萌芽，面对自己的失意和别人的得意，叶某满怀怨气，认为自己的不受父母待见来自弟弟的存在和威胁。从衣食住行这些小事，父母都能照顾弟弟而忽视他的存在。父母亲人虽非刻意，但弟弟的得意快乐，一样会使失意人叶某的嫉妒刻度向黑色靠拢。

叶某嫉妒刻度进一步向黑色膨胀是弟弟周岁生日的那一天。首先在酒席上因为弟弟小，所以爷爷一直抱在身上，嘴里一直不停地念叨乖孙。其次所有亲友给弟弟礼金或者买衣物玩具等，都夸弟弟长得乖有福气，比叶某白净，在旁所有人忽视了叶某的存在与感受。再次宴席会上所有人争着抢着抱弟弟，众星捧月，百般亲热，嘘寒问暖者络绎不绝，在一边的叶某看在眼中，心中不快更要增加几分。最后直接引动叶某心思的，是父母对弟弟生病的态度。生日聚会第二天弟弟感冒发烧，父母及祖辈们对弟弟嘘寒问暖、关怀备至，全家人围着弟弟转。备受冷落的叶某，觉得生病可以得到那么多关心，是多么好啊，所以就模仿弟弟感冒的症状假装头晕咳嗽，这次父母终于注意到他了，他依靠装病得到了久违的关爱。叶某不再采用自己动口动手的傻办法来报复弟弟，他已经意识到通过装病战胜弟弟的方法是行得通的。

四、竞争性——嫉妒的升华

然而装病多次无效，只有提高自己，于是叶某被迫把黑色的嫉妒转为了白色的嫉妒。迪特尔·弗赖认为："怀着白色嫉妒心的人对别人的成功纯粹是一种钦佩、羡慕。这种心理能起到发动机的作用，激发自己的积极性和创造性，使自己产生奋发向上的雄心壮志。因此，白色嫉妒是良性的、积极的。"

叶某装病事件发生后，我与叶某父母多次交流，要求他们对待孩子一定要公平。我又找机会和叶某谈心，告诉他，你像弟弟那么小的时候，父母、祖辈、亲朋好友也是那样对待你的，作为哥哥，要成为弟弟的榜样。叶某看着自己小时候的照片和视频心理终于平衡了，试着把嫉妒心理带来的压力变成一种动力，把嫉妒变为赶超的行动，而且，已初见成效。

五、结语

叶某对弟弟嫉妒心理的演变过程，正是他的成长过程。黑色嫉妒害人害己，而白色嫉妒却能刺激人产生向上的力量，不甘人后。从这个角度来讲，叶某已经在积极努力地向着好的方面发展。

初中住校生分离焦虑辅导案例

攀枝花市实验学校　李玲

升入七年级的小A开始了住校生活，离家让她很不适应，虽然室友常陪伴、开导她，老师也安慰她，她每天能和父母通电话，但经过两周她仍然不适应，常因想家流泪。

经过辅导，该生意识到自己的分离焦虑水平远超同龄人，笔者运用"意象对话"式的咨询技术使来访者看见了子人格需求不被父母看见的创伤，通过家校紧密合作帮助来访者化解了分离焦虑，适应了住校生活。该案例启示我们：家校合作教育是心理辅导工作见效的重要条件，家校携手，为孩子的成长保驾护航。

一、案例背景

小A，女，12岁，由父母抚养，读幼儿园时便有严重的分离焦虑，个性开朗健谈，表达能力强，对自己的感受及变化有较好的觉察能力，但怕困难，独立能力差，内心脆弱。因为在宿舍大哭，被宿管老师发现，班主任求助校心理辅导室。

经了解，小A已经住校两周了，但依然不适应住校生活，很想回家住，父母为了锻炼孩子的独立能力要求小A必须住校，小A理智上知道这是对自己的锻炼，但是情感上难以接受，常想念父母，在宿舍哭。小A家离学校不远，虽然每个周末都能回家，但回家也感到不快乐，因为会担心再回到宿舍，见不到父母，小A感觉自己性格不再开朗，变得焦虑忧郁，甚至影响上课的注意力，学习动力下降。小A有较强的求助意愿，自知力完整。

二、辅导过程

1. 第一次辅导——看见成长

这是小A第一次来到心理辅导室，小A是一个瘦弱乖巧的女生，为让来访者感到放松，我首先带她参观了心理辅导室，介绍了心理辅导的"自愿""保密""助人自助"原则，询问小A有没有什么想跟我聊一聊的。

小A讲述了小学的遭遇：因一次误会，同班女生煽动同学排挤她，因此小学过得不开心，常感到孤独，和同学发生矛盾时，也选择忍让。母亲责骂小A"在家强势，在外面胆小怯懦，不会处理问题"。小A听从母亲建议将受欺负的事告诉班主任，但同学控诉小A造谣、矫情，这事也就不了了之。

发生矛盾时，小A常哭，久而久之，老师也觉得小A矫情。小A感到家人不理解自己，老师不信任自己，觉得十分受伤。小A在讲述中不停哭泣，呼吸不上来。

哭泣是一种宣泄，但一直情绪激动，没有觉察，沉溺在消极情绪中是达不到宣泄效果的，长期如此对身体是一种伤害。因此，我打断小A重复的表达，引导小A关注自己的呼吸，让注意力回到感受上，通过示范，我带领小A调整呼吸从而调节情绪，重复几次后，小A情绪平缓。

让小A感到最受伤的不是同学之间的矛盾，而是她的感受没有被看见。

我让小A自评此事对自己的影响，并询问了小A目前的人际情况。

小A说，"其实事情已经过去了，现在来到新环境，班上老师和同学都很好，老师知道我不适应住校，经常安慰我"。

小A交到了亲密的朋友，朋友常安慰和帮助她，通过同学的鼓励她还当选了文艺班长。

"事情已经过去了"，我复述小A的话，让她着眼未来。

小A成长了，但面对过往，她还是会担忧，因此要让小A看到自己的成长，成长意味着有办法去应对过去不能应对的事情。

我询问小A"如果再有小学的那些事情发生，你现在是一个初中生，你会怎么处理呢？"

小A回答道："我现在是个初中生了。我会找朋友帮忙，如果他们很过分，我会告诉老师。"

我肯定并鼓励小A："对，现在你已经成长了，有很多的办法去应对这些事情。你现在是初中生了，你可以跟自己说一遍，'我现在是初中生了'。"

"我现在是初中生了，我现在是初中生了……"小A重复着这句话。

接着，小A开始谈论自己目前的困境：不适应住校生活，很想念母亲，适应训练期间，就因离家感到不适应，肠胃不适，甚至呕吐。第二周来住校了，晚上睡不着，经常想哭，父母只让坚持，不同意她走读。

"现在是开学第三周，你住了一周，是什么让你坚持下来的呢？"

"我遇到了好室友，室友常安慰我，鼓励我，她们也想家，有时也哭，但没有我这么严重。"

我肯定和鼓励小A"是啊，虽然很难，但你看到了周围的这么多资源，老师鼓励你，同学帮助你，让你坚持下来。你刚才说自己是一名初中生了，那作为一名初中生能不能再坚持呢？"

小A表示："我也想坚持下去，最开始也是我主动提出要住校的，想锻炼自己的独立能力。"

我鼓励小A在住校生活中学会坚持和勇敢，面对困难不放弃，学会找解决办法。

2. 第二次辅导——处理分离焦虑

四天后，小A回访：她每天都很低落，在家躺床上哭，在宿舍和母亲通话也哭，但父母态度坚决。晚自习时，会戴着口罩悄悄落泪，朋友看见后画了一个家给自己，小A感动又难过。

在学校本应是快乐的，但独自静下来就会想家，看见家人离开就会哭，远远地看见学校就会有一种被抛弃的恐惧感。为了逃避住校生活，甚至故意不吃饭，对着电风扇吹，希望自己生病，能回家。

小A的分离焦虑水平远超同龄人，并提到"被抛弃感"，我推测她幼时有创伤，但意识层面并不知道。

意象对话心理咨询技术把来访者的消极情绪看作子人格的情绪，即情绪只是自我的一部分而不是全部。我引导小A跟随感受进入意象，看看是一个什么样的人很伤心，有被抛弃的感受。小A在想象中看见一个1岁左右的孩子躺在婴儿床上哭，周围一片空白，父母不见了，婴儿感到非常委屈、伤心，这些感受正是小A感受到的。我继续引导小A在想象中看看父母在哪里，小A看见婴儿和父母之间隔着一道透明的墙壁，父母听不见孩子哭，孩子也无法接近父母。

在现实生活中小A体会到的可能是父母无法理解自己的感受，无法共情和陪伴自己。我引导小A把注意力放回到自己身上，在想象中自己去陪伴婴儿，拥抱、哄婴儿，婴儿逐渐平静。之后引导小A走出意象。

严重的分离焦虑是因为小A处于婴儿的心理状态，婴儿是无法离开父母的，只能通过哭闹让父母看见自己的需求。

"然而你作为12岁的初中生，在哭完之后也是有能力继续学习生活的，是有独立能力的，不能让婴儿这个子人格占据自己。"

三、家庭合作教育

在了解到小A的分离焦虑和家庭背景后，我意识到家庭合作教育的重要性。因此，我及时联系了班主任并安排了与小A父母的会面，旨在共同探讨小A目前的困境及解决方案。

会面中，班主任首先向小A的父母讲述了她在班级及寝室的相关情况，让家长了解到她目前的情况已影响到小A的情绪甚至影响学习和生活；之后我介绍了小A在心理辅导中的表现和成长，以及她目前面临的分离焦虑问题。我强调了家庭支持对于缓解小A焦虑情绪的重要性，并建议父母在以下几个方面给予小A更多的理解和支持：

情感支持：父母应多倾听小A的感受，共情小A，在她哭泣时、送她去上学时，通过拥抱或抚背等肢体接触的方式安抚孩子，给予她足够的情感支持，让她感受到父母给予的温暖和安全感。

逐步适应：考虑到小A的分离焦虑较为严重，建议父母不要急于求成，允许她必要时候在家居住，逐步增加小A住校的时间，让她逐渐适应住校生活。

亲子沟通：鼓励父母主动与小A进行积极、有效的沟通，了解她在校的生活，关心她的需求和困惑，多肯定，多鼓励，适时和她探讨解决问题的策略。

家校合作：建议父母与学校保持密切联系，共同关注小A的成长和变化，及时沟通并调整教育策略。

小A的父母表示愿意配合学校的心理辅导工作，共同为缓解小A的分离焦虑而努力。他们承诺将给予小A更多的情感支持和理解，并逐步调整她的住校安排。

四、辅导后续

经过家庭合作教育和心理辅导的共同努力，在接下来的三周中，我观察到小A变得越来越开朗，她说自己现在接受了现状，不再哭闹，偶尔很想家还是会悄悄哭，但是自己能坚持了，也交到了很好的朋友。并且我发现小A在课堂上踊跃发言，课堂讨论也积极参与，状态逐渐变好了。

五、案例总结及反思

辅导能取得良好效果的原因之一是合理使用了意象对话心理咨询技术，让来访者分离了消极情绪，意识到自己有一部分停滞在1、2岁的分离焦虑中，提升自知力。引导来访者在意象中去体会焦虑、悲伤，通过陪伴化解情绪。

原因之二是强调现实感，让来访者意识到自己不是离不开父母的婴儿，而是一个初中生，在学校有独立的生活和学习能力。

最重要的原因在于来访者本身渴望改变状态，同时她身边有同伴的支持，有家人的帮助，朋友的力量给了来访者勇气和安全感，让她有了坚持的理由。而家长积极配合学校，在家中给予孩子足够的关爱和情感支持，对来访者的成长起到了至关重要的作用。

通过本案例，我深刻体会到家庭合作教育在心理辅导中的重要性。只有家校携手、共同努力，才能为孩子的健康成长提供更加全面的支持和保障。

参考文献

［1］苑媛，曹昱，朱建军.意象对话临床技术汇总［M］.北京师范大学出版社，2018.

家校携手　静待"榕"宝成长

——小群体学生的情绪集体爆发案例

攀枝花市实验学校　李方兰

家庭是孩子最初的教育场所，学校是促进孩子"五育并举"的重要场所，只有家庭与学校保持密切联系，共同关注孩子的发展、科学合理地制订培养计划，才能真正培养出全面发展的新时代少年。学生从小学进入中学，无论在学习、生活和个性发展上都面临诸多的挑战。为了帮助七年级学生提前适应初中学习生活，磨炼学生的意志，培养学生德、智、体、美、劳的全面发展和团队合作意识，攀枝花市实验学校以"榕"文化为依据，在得到大多数新生家长的同意下，组织学生开展为期一周的全封闭适应性训练。以下是在适应性训练期间发生的小群体学生集体情绪爆发案例。

一、案例介绍

适应性训练第四天，很多学生出现身心疲惫的现象。晚上8点左右学生们刚结束了一天的训练，陆续回到寝室准备洗漱休息。学校德育室老师正准备前往学生宿舍检查学生的就寝情况，走到学校操场却看见两位教师和3名女生（欧某某、付某某和李某某）坐在学校大榕树下的花台边，3名学生的情绪很激动还在不断地哭泣。老师们在耐心询问缘由过程中其中两名学生情绪表现得越来越激动，从小声抽泣转为集体号啕大哭。通过初步了解情况，3名学生所在中队当天临时更换了新教官，新教官的训练要求更高，随着训练难度的增加，3名学生感觉身体吃不消。其中欧某某因被教官点名提醒而觉得自尊心受挫，心情变得很糟糕。训练刚结束，同行2名同寝室同学出于热心一起安慰欧某某，但听到欧某某说：感觉训练太苦了，觉得新教官不喜欢她们，故意刁难她们，好想爸爸妈妈，希望家长来接她回家……2名同学也被她的消极情绪感染了，甚至联想到自己的一系列更难过的事情，便出现了小群体情绪的集体爆发情况。

二、案例分析

学生群体是校园中最普遍的团体，可以按年级、班级、小组、寝室、兴趣爱好、脾气秉性等多种形式分类，不同的群体信息传播不一样，学生之间的影响就不一样。在班级管理中学生经常会受到从众心理的影响出现小群体集体行为，如果教师不及时发现进行干预，往往会出现小群体范围的扩大。

3名学生的情况是典型的小群体间不稳定情绪互相影响的案例，如果教师不及时进行干预，很容易出现坏情绪大范围的扩散，甚至影响多个寝室和全中队同学。为了控制学生情绪，经过交流，老师们决定采取分散疏导的方式将三名学生暂时分离开，阻断彼此间坏情绪的互相影响，同时电话联系家长了解学生的基本情况，由带队老师逐一对学生进行个体心理疏导稳定学生情绪。

三、具体措施

（1）在安抚情绪稍稳定的李同学时（第一次离开父母来外地上学，看到同寝室的同学哭也勾起想念父母的情绪），我们采用倾听和共情的方式。教师先倾听学生情绪激动的原因，让学生主动把自己的情绪表达出来。然后告诉学生要学会自我调节情绪，要有坚强的意志力去克服训练的苦和累，鼓励她要学会独立不要让外地的父母担心。交谈了二十分钟后，李同学调整情绪给家长打去电话："妈妈我好想你们，这几天适应性训练我感觉好辛苦啊！今天我都忍不住哭了，刚才老师安慰我还给我讲了很多道理，现在我已经感觉好多了，最后两天训练我要坚持下来，你们两天后要来看我们的汇报演出。"从电话里我听到了她父母欣慰又踏实的回答："孩子，想不到离开家几天，你变得比以前勇敢了，爸爸妈妈相信你，要加油哟！两天后我们一定来观看你们的汇报演出。"

喜怒哀乐都是人类的情绪，没有说哪种情绪特别好，哪种情绪特别差。对于中学生来说，哭可能是最好的发泄情绪方式，身为老师我们应该充分地接纳学生表达情绪的方式，及时给予学生帮助，引导学生正确处理青春期的不稳定情绪，并教会学生如何调节和释放情绪。看似普通的一次通话，让学生与家长有了心灵上的交流，让孩子知道了家人的关心，理解了老师的良苦用心，让家长感受到孩子在面对困难和挑战时的勇气，有助于老师和家长达成育人共识，打破了家校协同育人的空间壁垒，达到了家校合作的目的。

（2）与情绪较不稳定的付同学交流时（父母离异，自己平时和外公外婆一起生活，开学前一周外公刚去世），我们发现这是一名极度缺少家庭关爱的学生。据统计单亲家庭学生和留守儿童是出现心理问题的主要群体，由于缺少家庭和亲情的关爱，很多孩子在成长过程中都会表现出孤独、自卑、易怒等情绪。教师主要采用共情的方式，告诉她老师观察到这几天她的变化并肯定她这几天的努力付出，让她感受到被关心、被重视，让她从老师的关心中感受到像家一样的归属感，从而稳定学生的情绪。告诉她意外和明天谁也不知道哪个先来，鼓励她珍惜当下人、当下事，要感恩外婆的付出。随后老师邀请付某某外婆来到学校，外婆给她送来了自己喜欢吃的水果。吃着水果付某某跟外婆说："外婆对不起，这么晚还让你为我担心，还给我拿我喜欢吃的东西。我感觉我好幸福呀，谢谢您外婆！"

教师作为学生思想的引领者，要肩负起搭建家长与学生心灵沟通的桥梁的责任，及时与家长交流、给予家长专业的指导，有效地避免学生缺失家庭的关爱。外婆的到来让内心缺乏关爱的孩子感受到了被关心、被爱护，借助老师的情绪疏导让孩子从思想上正确理解了来自家庭、家人的关爱。家校共同携手让孩子从生活的点滴中感到被爱、被关心，让孩子拥有一颗感恩的心去面对生活、面对困难。

（3）在处理情绪非常不稳定的欧某某时（父母对她很严格，觉得父母从来不相信自己，情绪上容易钻牛角尖、易怒，自己讲述曾经有过私自服用心理辅助药物来控制自己情绪的情况），发现该女生为典型的安全感缺乏，这类学生往往不会主动跟父母宣泄自己的情绪，他们更愿意向自己尊敬的、相处融洽的老师表达自己的需求。教师采用了安抚式的心理疏导方式。老师邀请学生喜欢的老师、教官跟她聊天，通过谈一些开心的故事或她感兴趣的话题，暂时转移她的负面情绪，让她暂时从难过的情绪中走出来。待情绪稳定后再采用共情的方式让她感受到老师和教官对她的关心和关爱，并和她约定有问题找老师，不做伤害自己的行为。最后经过近一小时的聊天，学生情绪基本稳定下来。随后老师通过电话联系家长，告知家长孩子讲述自己曾有偷吃辅助心理治疗药物来缓解情绪的事情，提醒家长要多关注孩子的情绪变化，学会倾听、学会接受孩子的差异性，帮助孩子正确对待青春期的变化。并建议家长带学生去向专业的心理医生咨询，给予孩子专业心理疏导意见和建议。

案例中学生不认可家长的行为、排斥与家长交流、不愿意把心里话告诉家长，却愿意和亲近的老师谈心、说小秘密，教师成为家长与孩子沟通的桥梁。教师要承担起培训家长的责任，多与家长交流教育孩子的方法，让家长学会与孩子正确交流和沟通，帮助家长营造科学育人的新港湾。同时，教师要不断提高自己的心理辅导能力，解决学生的心理异常症状，帮助学生积极乐观地面对学习和生活压力。

鲁迅先生说："教育是根植于爱的。"只有家长关心孩子、关注孩子的变化，才能真正地让孩子感受到爱和被爱！教师要有爱心、耐心和同理心，用爱心关注学生的变化、用耐心帮助学生改变、用同理心感受学生的无助，爱才能真正根植于学生。

心向阳光 "野蛮" 生长

攀枝花市第一小学　肖艳

她的秘密

恩恩是个漂亮的女孩子，她那双忧郁的大眼睛背后一定藏着故事。经过初步了解得知，恩恩和姑姑姑父及爷爷奶奶住在一起，姑姑姑父也有一个女儿叫安安，她俩都在我们班上。孩子的姑姑姑父反馈说因为恩恩的父母都不在孩子身边，孩子很小就是他们在带，作为老师的我多少有些好奇，孩子的父母去哪里了。

有一次，我们排队等着体检的时候，我站在恩恩旁边有一句没一句地跟她聊起天来：

"恩恩，每天来上学都是你和安安一起吗？"我问。

恩恩歪着小脑袋点了点头："是啊，她是我妹妹，我们住在一起呀！"

"那妹妹的妈妈你叫什么啊？"我装作不知道。

"姑姑。"孩子咬了咬嘴唇，看着远方说。

"那恩恩的妈妈呢？是不是忙着挣钱没有时间照顾恩恩啊！"我给孩子找了个借口。

孩子摇摇头说："不是，妈妈住在米易，我们不住在一起。"

我猜想孩子的父母可能分开了，但依然装作恍然大悟的样子："哦——那恩恩爸爸是去很远的地方工作了吗？快过年了，恩恩是不是可以见到爸爸了？"

恩恩绞着双手，眼睛看着地下小声地回答："爸爸过年不会回家，我好像好久没有见到过爸爸了！"

我摸了摸孩子的头说："哦，这样啊！没关系，恩恩好好读书，拿着奖状回家自豪地给爸爸妈妈打电话，他们都会为恩恩感到骄傲的，说不定就回来看你了。"

恩恩微笑地看着我，重重地点了点头。

背后的故事

经过几次谈话，我觉得恩恩是个特殊且敏感的孩子，作为班主任的我决定进行一次家访，经过事先的电话联系，孩子的姑姑同意和我聊聊天，但确实忙不过来没法在家里招待我，只得请我去她做小生意的地方。我按着孩子姑姑说的地址来到了她工作的地方——凤凰美食城门口的小吃摊前，一个简单的小吃摊车上架着两口油锅，一锅炸土豆，一锅炸臭豆腐。旁边摆着一张简易且不算干净的桌子和四张小凳子。

孩子的姑姑招呼我坐下，我坐在简易桌旁的小凳子上直接说明了来意，我想了解恩恩的家庭背景，或许是我太唐突了，孩子姑姑本来面向我，听我说明来意后突然转过身去，当她再转回来时，我赫然发现她的眼眶已经红了，这时的我有了些不知所措，我抽了一张面巾纸递给她，她擦了擦眼泪，稳了稳情绪开始了叙述："我们家住在银江镇那边，恩恩的爸爸妈妈很早就离婚了，孩子妈妈已经再嫁人了并且生了孩子，自己有自己的家庭，也没有那么多的时间照顾恩恩，孩子的爸爸因为触犯了法律一直在坐牢，也没有关心过恩恩，恩恩对自己的爸爸几乎没有任何印象，但这些事爷爷奶奶会偶尔提起，所以这孩子一直都是知道的。这孩子有时候特别倔强，也有些叛逆，我们也不是孩子的亲生父母，我和她姑父文化水平也不高，有时候也找不到更好的办法教育她，就只能随着她了。"

听了恩恩的故事，我只得安慰恩恩的姑姑说："恩恩在学校是一个很懂事的孩子，上课挺认真的，只是书写稍微差了些，没关系，多练练就好！每个人都会经历她该经历的，既然是你们在照顾她，那就多多正面引导，不仅要关注孩子的学习还要多关注孩子的心理状况，多从小事鼓励孩子。"

未来的路上

走在回家的路上，我一边震撼一边反思，我知道恩恩在我面前言辞闪烁的原因了，大概真的是不愿意面对吧！恩恩才8岁，她正处在一个需要父母关爱和照顾的年龄。作为老师的我改变不了她生活的环境，我想我能给孩子的只有"关注关心关爱"，希望她拥有乐观自信的笑容和大方面对生活的勇气。泰戈尔曾说过："不是铁器的敲打，而是水的载歌载舞，使粗糙的石头变成了美丽的鹅卵石。"面对特殊家庭的孩子，我们更要多一份关注和关爱。我愿俯下身子，用爱心与责任，真诚地接纳、欣赏、鼓励、呵护每一株幼苗，愿她们心里有爱，眼里有光，不惧风浪，"野蛮"生长！

家校携手　共育花开

攀枝花市花城外国语学校　李清路

　　当前，教育内卷现象非常严重，家长面对竞争加剧、教育资源分配不均的情况过度焦虑，将孩子的分数看得比什么都重要，有的孩子因为分数没有达到家长的要求遭受讽刺，遭受毒打，有的甚至造成了悲剧。作为班主任的我，当看见学生因为成绩不理想变得心灰意冷时，看见学生因为怕家长惩罚而屡次撒谎时，看见一些成绩优异的孩子与老师擦肩而过一脸冷漠时，都会特别难过，我知道，这些孩子的背后都有着严重的家庭教育的问题。

　　班上有个孩子叫贝贝，学习成绩特别优异，但是很多同学都不喜欢她，选班干部都没有同学给她投票，她也经常和同学闹矛盾。一个那么优秀的孩子，为什么同学们都排斥她，我开始留意观察这个孩子。有一次，贝贝忘记带语文书，走过来对我说："你能借我用一下电话吗？"我对于孩子的无礼很惊讶，但我还是摸出手机递给她，打完电话，她顺手就还了我手机，没有一句"谢谢"，扭头就走。我蒙了半天，这孩子怎么回事？一个课间，我跟数学老师无意间聊到了贝贝，数学老师说："李老师，你发现没，贝贝和老师交流口气很奇怪，永远都没有称呼，还有一种对服务员挑剔的那种居高临下的语气。她成绩是好，但真不讨人喜欢。"我才惊觉这个孩子问题出在哪里，她对人缺乏尊重，完全以自我为中心。我开始走进贝贝的学习和生活中，去细心观察这个孩子，发现贝贝的思想里认为老师的职责就是无条件服务好学生，她只要成绩好，老师就会宠她。我联系了孩子妈妈到学校交流。首先，我肯定了贝贝学习能力特别强，成绩优异，然后，我将自己观察到的情况以及科任老师反馈的意见也告知了孩子妈妈。谁知贝贝妈妈一听到我说她女儿有问题，就很生气地说："我家贝贝爱学习，只要她成绩好，作为家长我们就放心了，关于礼貌这些问题没那么重要，以后大点就好了！"同时，还质问我，班上有同学欺负贝贝，作为班主任老师为什么不拿出些措施来？我很无奈，从孩子妈妈的表现来看，我想我已经知道了为什么贝贝不懂得尊重人，这和家庭教育是分不开的。

作为老师，不管家长怎样，我还是有义务去影响家长，我开始岔开话题和家长聊起来，我问孩子妈妈周末在家都爱做什么好吃的给孩子，做饭时孩子会做些什么。她很开心地跟我介绍孩子很乖，闲暇就做作业，练字，看课外书。我夸贝贝会管理时间，是高情商孩子的表现之一——自制力强。我又问妈妈是否知道高情商的孩子还有哪些表现？贝贝妈妈开始有了一点兴趣，我告诉她高情商孩子有一个重要表现，那就是人际关系好，懂得感恩，有良好的情绪管理能力。贝贝学习优秀，如果在这几方面有更突出的表现，将来无论学习还是生活，都会是人生赢家！贝贝妈妈感觉到我的善意以后，也坦言自己对孩子在人际交往、情绪控制方面没有关注，总觉得孩子大了自然会好。最后，我告诉她我能理解家长对孩子学习的高期望值，但是同时也要培养孩子情商和健康人格。接下来我们的沟通顺畅多了，贝贝妈妈离开办公室时，真诚地向我道歉，说她明白了以后该怎么做。

后来，贝贝发生了改变，但有时还是会和同学发生小矛盾，但是会主动认识到错误，和同学道歉，对老师也有礼貌多了。看见贝贝的变化，我倍感欣慰。

家校沟通的学问

攀枝花市花城外国语学校　王婷婷

　　班主任工作是一项十分艰巨、辛苦、复杂、琐碎的工作。处理学生问题时的轻重，与家长沟通时的技巧，与班级科任老师的磨合等都隐藏着颇深的学问，值得我们去学习、钻研、反思……

　　这学期我们班发生了这样一件事：一天午饭后，手机里不断传来"滴滴滴"的消息声，打开一看，消息全来自班级微信群。一条条信息，都是来自家长的询问：孩子们放学了吗？孩子怎么还没有到家？这都几点了还看不到孩子的影子……我一看手机12点43分，坏了！！难道孩子们出什么事了？

　　我安抚了群里的家长，马上打电话给最后一节美术课的老师，可美术老师说，最后一节课被英语老师要去了，我又立刻打电话给英语老师，得知才刚刚放学，班里还留了几位同学在改错。我立即请英语老师把改错的孩子都送出校门。可时间的确有一些晚了，此时群里的一位家长在班级群里这样说道："英语老师常常这样拖堂，从来不顾及时间，也不顾及家长和孩子的想法！"另一位家长也跟着说："一次两次就算了，每次英语老师的课都这样，这是压迫孩子。"第一位家长又说："这个英语老师的行为，严重违反了教育局的相关规定，我要去找教育局相关部门投诉，我要去告她……"

　　一句句"声讨"此起彼伏，我想我必须得马上制止，不能让这样的声音蔓延下去！

我思来想去在群里发了这样一段话：我特别庆幸我们班能有一位这么负责任的英语老师，她有家庭有年幼的孩子，有双鬓斑白的父母，她一人带三个班，她会劳累会疲惫，可她仍然愿意用自己的休息时间，为咱们班的孩子倾情付出。她一次两次留下孩子讲解不懂的知识，改错题，她的付出是为了大家的孩子。不是所有老师都会如此为孩子们付出。

建议各位家长多一分理解，多一分支持。对于英语老师在留堂时间把握上的问题，我已经和英语老师沟通，以后注意留堂时间，并且及时在群里通知家长。

发完消息，我又想此时应该有几位班级中说话有"分量"的家长进行引导。我立即和几位家委会的家长联系，在取得家长们的理解后，请这几位家长赶紧在班级群里引导班级正向舆论，渐渐地群里的家长们都纷纷开始理解、支持英语老师的做法。

可这时，那位扬言要去告英语老师的家长，依然是一颗"炸弹"，在群里发泄着情绪。我必须得取得这位家长的理解，我知道孩子妈妈挺平易近人，考虑了一下我准备先"攻克"孩子妈妈。我打电话和孩子妈妈交流，原来孩子一直感觉学习压力很大，常常会回家抱怨，甚至有时会因为学习压力大而有扯头发、扇自己耳光的行为。孩子爸爸只想让孩子健康、快乐长大，不想让学习压力压垮孩子，他们认为孩子的身心健康比学习更重要！此时我也理解了孩子爸爸的做法。孩子妈妈也答应会和孩子爸爸好好沟通，维护好老师的形象。

悬着的一颗心，此时终于安稳下来。但我又想到了英语老师如果知道家长这样的话会不会心寒？以后这些方面的问题是否还会反复出现？我又马不停蹄地去找英语老师，先安慰她，然后约定以后把控好时间不拖堂，有特殊情况提前通知家长。

班级风波到此总算告一段落。这一天在各方中进行调解、沟通，让我收获了许多，也反思了许多。家校沟通，不仅需要家长对学校对老师的理解，同理也需要老师站在家长的角度去看待问题。

家校沟通是一门艺术，一门值得细细品悟钻研的艺术，我要在这门艺术中，不断积累班主任工作经验，巧妙地化解家长与学校的各种矛盾，让自己做一名被家长认同的优秀班主任。

智慧沟通，"攻心"为上

攀枝花市花城外国语学校　文有琼

教育如同行船，孩子如同渡者，而家长和老师如同两支桨的舵手，只有双方都坐在自己的位置上，齐心协力劲往一处使，才能载着渡者驶向美好的未来。

那两者怎样才能齐心呢？靠的是智慧沟通。如何智慧沟通？——"攻心"。

攻心计一：换心

班上有个W姓的孩子，他大方、勇敢，人缘好，有担当。但学习成了他的老大难，一到做题就是一个头两个大。家长为他请家教，整天陪着做作业，周末陪着去补习，为孩子的学习操碎了心。我也时常和家长保持着沟通，在与其母亲的交谈中，我深深感受到了家长的无助和焦虑，甚至会因为孩子第二天要考试担心得整夜睡不着觉。在与这位家长的反复沟通中，我了解到孩子在家的情况，也将孩子的优缺点全盘托出，甚至还有意把孩子学习上的缺点放大来讲。可我给家长带来的是焦虑和一句："我也不知道怎么办了。"

这位妈妈让我记忆犹新的一句话是："老师，每次看着你的短信我的心都一震，生怕孩子又犯了什么错。"我羞红了脸反思到：为什么不提早将心比心，用同理心换位思考，兴许就不会给这位家长带来那么多的焦虑。为什么每次要等孩子表现出了问题才联系家长反馈，而不是在孩子表现优异时第一时间和他们分享喜悦呢？再仔细一想，谁不希望自己的孩子被赞美，自己被肯定呢？

自此我明白了，作为老师的我们更应该换位思考，多和学生家长沟通，用同理心去感受他们的感受，寻找每个孩子的优点，放大他们的优点。如想和家长交流孩子的缺点时也要言简意赅地表述，不要去放大，而是协力帮孩子解决困难。当家长主动想了解孩子的情况时可以趁热打铁多给一些指导性的策略，让家长主动和你站在同一战线，一起想办法，使孩子变得更好。

攻心计二：耐心

与家长沟通除了需要换位思考，还得有耐心。班上有个Y姓孩子和X姓孩子在放学时由嬉笑打闹逐渐演化成争执，Y姓孩子不小心把X姓孩子的电话手表表带弄坏了，当时俩人都没有注意，各自回家。回家后X姓孩子发现表带破损，母亲问其原因，这个孩子说是Y姓孩子弄坏的，还说Y姓孩子老是欺负他，随时都在挑逗他……X姓孩子家长听后气不打一处来，在班级群里@Y姓孩子家长："你家孩子就是霸道，老是欺负我家孩子"Y姓孩子家长回复："我先了解情况再说。"在我的制止下两人没有发生口角。X姓孩子家长越想越生气，换了另外一个群继续争执，甚至说："咱们走着瞧"Y姓孩子家长认为自己的孩子会有人身危险，扬言要报警。一来二去，两人在网上吵得不可开交。当得知此事后，我向当事人询问经过，通话中我感受到了两方家长怒火中烧，我耐着性子两边打电话劝解，让学生在电话里讲缘由，再将事情经过告知家长，让家长换位思考，渐渐地双方家长怒火才熄灭，一个小时，两个小时，两个半小时，终于将事情解决。虽然占用了我的休息时间，但我获得了一次经验：遇到紧急事情，先要自己冷静，去感染家长冷静下来。用娓娓道来的方式和家长沟通，让对方站在彼此的角度思考问题，事情就会好办很多。除此之外，作为老师处理事情要不偏不倚，就事论事地把事情了解清楚，处理明白。无论是对家长还是对学生，多点耐心，多点包容心，才能把事情解决好。

作为老师，作为班主任，我们与家长沟通时需要换心，有耐心，要强心，强大到"他人虐我千百遍，我却待他如初恋"；需要真心，让他感受到你是真的在帮他的孩子解决问题，让他感知到你是设身处地为孩子的未来着想。

教育不是一件孤军奋战的事情，需要老师、家长、学生的相互配合，配合得越好，沟通得越顺畅，教育才能越成功。

教育如一艘大船，渡的是学生，渡的是家长，渡的也是自己。想让学生成为更好的学生，家长成为更好的家长，自己成为更好的自己，靠的是智慧，靠的是用心。

诚心架起沟通的桥梁

攀枝花市花城外国语学校　徐丹

新学期伊始，班上转来了一个新同学，报名当天家长就对我说："老师，我们家小孩之前是在成都××私立学校就读的，成绩可好了，一直都在90分以上……"听到这话，我明白话中的含义，懂得家长的担心，所以我说："那很好啊，我很有幸可以教到这么优秀的孩子，谢谢你的信任。但是孩子刚到一个新环境，估计会有一些不适应，如果有什么情况，我们及时交流、解决。"一番相谈甚欢后，家长离开了。

但在开学后的第一次作业，这个孩子的书写和完成情况让我的心不由得咯噔了一下，找孩子问了情况，孩子表示：我们这边的知识太难了，她没有学过。我始终觉得家长在学习上是配合、是督促，真正传授知识还是老师，所以我并没有立刻联系家长，只是在学校尽量多帮助该学生，并和数学老师、英语老师聊了该学生的情况。我的本意是等第一次月考后看看孩子的情况，如果分数不理想，家长总会来找我的。月考后，该生考的很不理想，但家长没有联系我，同时我还发现孩子早上第一节课特别爱睡觉，我决定以此为契机联系家长。

我的本意是先聊聊孩子对新环境的适应情况，再谈谈孩子早上睡觉的情况，最后说说学习。但没有想到见到孩子父亲后，家长的第一句话就是："我的小孩在成都上学时，成绩很好，为什么转到这里成绩这么差？"发现家长的语气不佳，我顺势问道："孩子说她觉得我们这边的知识很难，能方便把她原来的教材给我看看吗？""教材在成都爷爷家，没有带过来""拍照发给我看看也行""搬家的时候都处理了"。看着家长的反应，我停顿了两秒钟："××爸爸，孩子原来学习到底怎么样？"

"嗯……成绩不是很理想，时高时低，成绩很不稳定"家长犹豫再三，言辞闪烁。

我没有在家长撒谎这件事上过多纠缠。"那你知道原因吗？"家长沉默了，我接着说："您知道吗？您的孩子上课不能好好听讲，早上第一节课还会睡觉，作业想做多少就做多少，这样她的学习怎么能好呢？"

"啊？不会吧？那你说吧，怎么办？"家长并没有我原先预想的愧疚、不好意思，反而从语调里听出来一些不悦。我没有说话，家长似乎感到自己的语气不对，努力笑了笑说："不瞒您说，您反映的问题，以前的老师已经多次说过。可该讲的道理我不知讲了多少遍，各种方法也都用过了，就是没有明显的效果，我们做家长的也十分苦恼。希望老师帮忙想一个有效的办法，我们肯定会积极配合的。"

看着家长的反应，我也不愿意气氛太坏，于是打算"围魏救赵"，先从孩子睡觉的情况入手分析。她的家庭是比较优渥的，有一个妹妹，有一家大型茶楼。孩子晚上到底几点睡觉，家长不是特别清楚。所以我提出：

（1）关注晚上孩子的睡觉时间，做好记录。

（2）控制好家里的电子产品。

（3）我会在学校关注一段时间，及时向家长反馈。

家长接受了我的建议。

接着我让家长自己介绍孩子的优缺点。看着我还是没有提成绩，家长愣了一下说："怎么说呢？××可以说是一个优点和缺点都特别明显的孩子。她兴趣广泛、性格开朗、乐于助人。对她热衷的东西兴趣很高，并且也能坚持得很好，但是她处理不好兴趣和学习的关系，再加上一些不良的学习习惯，就导致了现在的状况。"我立刻说："原来这样！细想一下，她在学校与同学相处的情况，在为集体服务方面表现出很高的热情，看来是我忽略了。可见及时与家长沟通对于了解学生是多么重要啊！"第一次的谈话就结束了。

后来我又从解决拖拉问题、书写问题等入手，多次和家长交流，都十分顺畅，家长没有再表现出抵触情绪。我们共同找症结，商量解决问题的方法，共同帮助孩子进步。

在我看来，家长是教师的教育合作者，也是学生生活中最重要、最有影响力的人，但由于家长观念偏差、教育方法不当等原因导致学生一些问题的发生。老师与家长建立起良好的关系，及时沟通学生的情况，互相交流教育方法，对于学生的健康成长大有益处。通过与家长的及时沟通，可以进一步了解学生的真实情况，及早避免不良教育后果的出现。

教师切忌与家长交流沟通时让家长误认为老师是在告孩子的状，这样会引起家长的误解。"护犊之心，人皆有之"，所以保持友善的态度是教师首先要做的。

教师在与家长沟通前，应先全面观察学生的行为表现，对家长叙述时，要多给予学生正面肯定，少做负面谴责，对学生的偏差行为也要尽量客观陈述事实，不加情绪化地批评。另外，家长不仅想知道孩子的问题，而且更想知道"怎么办"。在这种情况下，教师如果提不出具体的解决问题的办法和建议，同样会影响沟通效果。如果能在有充分准备的前提下，与家长共同分析学生出现问题的原因，并深入讨论教育对策，提出期望，形成共识，沟通的目的就达到了。只有这样，家长才会对学校教育有认同感、归属感，从思想上和行动上担负起家庭教育的职责，才有利于学生的健康成长。

让爱自然流露，孩子悄悄进步

——谈非暴力沟通在家校共育中的收获

攀枝花市花城外国语学校　廖素兰

　　现代教育提倡家校共育，可面对问题学生时，能真正和班主任走在统一战线的家长少之又少，他们要么觉得教育孩子是老师的事情；要么是育人能力有限，不知怎么纠正孩子的问题；要么忙于生计，没法顾及孩子的问题……很多时候家校沟通往往流于形式，止于表面。当班主任以来，我有过很多家校沟通经历，今天我想分享的是通过非暴力沟通我与W同学的家长相处时的一些细节来助推W同学成长的故事。

　　W同学，成绩中等偏下，家庭离异，与妈妈一起生活，爱怼人，在班级不怎么受同学欢迎，周末长期与手机亲密接触。妈妈是公司普通职员，爱抱怨，亲子关系一度比较紧张，W同学有时周末都不想回家，想逃避妈妈。

　　初二第二学期的期末分班家长会后，我和W妈妈进行了单独沟通。我知晓了她和W同学的相处模式：出现问题就互相指责，一言不合就发脾气。在她身上，我看到了一个母亲的脆弱和卑微。她说希望W同学能努力学习，考上好点的高中，看到他在家天天玩手机时就会很焦躁，一说话就成了讽刺挖苦，根本控制不住自己。

　　我采取的第一个措施是：真诚地摆明了立场——接纳此刻W妈妈的情绪和W同学阶段性玩手机问题。首先肯定W妈妈一个人带孩子的不容易，因为我想她已经在她的能力范围内给了W同学最多的爱和最好的选择，倾听她内心真正的需求，告知她孩子的问题是阶段性的。当妈妈不轻松，当单亲妈妈更需要能量，想帮助叛逆期的儿子成长需要多学习。此次谈话之后，暑假期间我们就保持微信联系，我经常提醒她：W同学不动，你不动，W同学动，你也不动，不要像一个15岁的未成年人一般易怒，渐渐地她听进去了我的建议，她感受到了情绪稳定给她的亲子关系带来的好处，家里有了短暂的母慈子孝的画面。

初三第一学期，开始学化学，W同学对这一学科非常着迷，我看到此现象后，推荐他去当课代表，这样他就可以增加与同学们之间的互动，当被需要时，就能体现出自己的价值。和W妈妈沟通时我采取了第二个措施：让她转变和W同学的谈话方式，学会互相捧场。由于W同学学习成绩一般，妈妈工作也一般，她们都急需找到成就感。俗话说"家是训练场"，我们想得到什么，就关注什么，训练什么。W妈妈利用W同学喜欢化学这一特点当上了"小迷妹"，没事就问一些与化学相关的家庭生活小常识，这一招，让W同学很受用。他上课的专注度由此提升，"捧场"的感觉让他不好意思不把化学"拿下"，因此化学考试他从来都是90分以上，这极大地激发了他的学习兴趣和学习信心，当他沉浸学习时哪还有手机什么事。初三第一学期就在一次又一次忙碌的考试中翻篇。一次他考了年级120名，认为自己稳上重点高中了，有点得意忘形，W妈妈又一次遇到了难题，她再一次管不住W同学，看来捧场的高光时刻已结束。她信任地找到我，于是我们商讨了第三个措施：将关注点放在重要且紧急的事情上，区分"感受"和"需要"。中学生的心智不成熟，作为他们成长路上的引路人，W妈妈想"带节奏"，她不再事无巨细地管W同学，只要合理，安全，她都可以让插曲不影响主曲。事实证明这一办法是有效的，W同学有了更多自己的时间和空间，成长得更独立。W妈妈在乎的是W同学面对学习时的专注、拼搏的过程和身心健康。她和儿子相处时不再是一个看到问题就抱怨的妈妈，她会心平气和地讲事实：小W啊，妈妈今天有点累，需要休息，你可以写完作业之后把地拖一下吗？小W啊，你今天回来脸色有点不对，在学校发生什么事了吗？妈妈很担心你。如果可以的话，你可以说出来，妈妈和你一起想办法……要知道一年前W妈妈可没有这些爱的语言表达，更多是简单粗暴、硬碰硬，她变了，儿子也变了。事实上在中考前两个星期，由于W同学意识到中考分流的残酷和对妈妈辛苦的理解，他超级担心考试失误，严重失眠，焦虑得还向其他老师求助。结果他中考真的考砸了，我一度以为我的帮扶是无效的。中考后，W妈妈单独找到我说，虽然W没考上心仪的高中，但W同学的变化很大，一考完他就根据自己的学科情况报了高一衔接班，在家主动做家务，每天愿意和妈妈交流，手机控制得也比较好，说话不再处处怼人……听到W妈妈的分享，我又充满信心了。有事做，有人爱，有期待，这样的孩子会差吗？而且W同学进入高中后还当上了班长，真是一个好消息。

W妈妈只是我在家校共育中的一个小剪影，我们的沟通在于真诚、信息的双向反馈，有意识地使用爱的语言。W同学的进步很大程度上来自W妈妈爱的流露，因为我认为一个妈妈的能量比老师的能量大得多。家校共育是一个长期话题，当班主任的避免不了，但是有了非暴力沟通这个主线思维，我想教师、家长、孩子的幸福感一定会不断增强，家校共育的质量也将提升一个档次。

控辍保学散记

四川省西昌市第五小学　赵正雄

2019年，西昌温暖的春天，刺桐花儿红艳艳。根据市委、市政府的安排部署，按照凉山州控辍保学"一个都不能少"工作方案，全面落实"七长责任制"和"双线八包"制度，聚焦锁定失辍学适龄儿童少年，安宁镇党委、政府和学校积极行动，让辍学的孩子们背上久违的书包，在开学时全部重返校园。

重回教室，轻抚着崭新的课本，阵阵书香，13岁的女孩张苓苓热泪盈眶，曾折断羽翼的梦想，又在琅琅书声中重新展翅翱翔。

张苓苓是凉山宁南县人，父亲病故后，母亲带着她和弟弟到西昌打工，在安宁镇马坪坝村租房子住，姐弟俩就在马坪坝村小学就读，2018年7月张苓苓六年级毕业。

2018年年底，全市对当年小学毕业学生进行学籍核对时发现，张苓苓未到中学报名读书，张苓苓到哪里去了？"一个都不能少！""必须找到张苓苓"，安宁镇中心小学接到通知，立即行动起来。给家长打电话已停机，按家庭地址发函得到回复没有回老家，人去哪里了呢？安宁小学秦副校长猛然想起张苓苓的弟弟还在马坪坝村小学读二年级，马上赶到村小学找到她弟弟，由弟弟带到出租的房屋里，张苓苓正在做饭，荤油炒饭和一碟咸菜就是姐弟俩的晚餐。

经过秦副校长耐心询问，孩子才说出心声：妈妈到西昌城里打工，由她照顾弟弟的生活，家里没钱，就失学了。家徒四壁，一贫如洗，看到姐弟俩无助的目光，在场的老师都落泪了。

张苓苓说她很想读书，每天当弟弟去上学后，她就拿出小学的书本一遍又一遍地读写。有时候，她会到中学门口去看看，但她不敢走进校园，怕遇到曾经的同学。在老师们地努力劝说下，妈妈终于同意张苓苓去读中学，西昌市教育局把张苓苓安排到西乡中学就读，张苓苓又回到了学校的怀抱。像张苓苓一样的还有一个女孩，她叫曲艺，老家是四川资阳的，也是小学毕业后没去初中就读。经学校多方打听，获悉曲艺在西昌的一家餐馆打工，主要负责洗碗，每月1200元，包吃住。安宁小学校长组织学校教师找到那家餐馆，曲艺同学正蹲在厨房角落洗碗，满身油污，两手泡沫，怯怯地叫了声"赵校长"，稚嫩的脸上满是迷茫。赵校长向餐馆老板说明情况并讲了利害关系，雇用童工是违法行为。又跟曲艺的家长做工作，曲艺必须去初中就读，家庭困难可以申请助学补助，如果家长拒不送孩子完成义务教育阶段学业，学校和镇人民政府有权起诉监护人。软硬兼施，曲艺的爸爸最后答应送孩子去中学报名读书。

除了小学毕业未到中学就读的学生外，安宁镇还精准锁定四个辍学学生：布拖县的马什洛、陈伍各、李杰和普格县的沙日呷。这四个学生家长的联系电话早已停机，发函给当地乡村也石沉大海。怎么办？安宁镇党委和政府在春节上班第一天就做出决定，政府和学校一起安排人员深入学生家中，一定要把学生找回来读书。

2019年正月初十，天寒料峭，副镇长带领中心校副校长和教导处副主任，驱车千里，辗转布拖普格两县乡村。教导处副主任在途中胆结石发作，他忍着疼痛走村入寨。苦心人天不负，历时三天终于把四个学生找到，布拖县的三个孩子交给县教科局和当地政府，安排入学就读；普格县的沙日呷回马坪坝村小学就读六年级，学校专门提前一周给他报名注册。

2019年2月25日，安宁镇小学举行隆重的开学典礼，全体学生齐聚一堂，一个都没有少！教师在国旗下庄严宣誓：规范从教行为、关心爱护学生。

　　控辍保学是保障义务教育的重要之举。西昌市委、市政府认真贯彻落实中央和省州的决策部署，把发展教育作为阻断贫困代际传递的治本之策，加大投入努力改善办学条件，千方百计保就学、补短板、夯基础，用心用力用情把控辍保学抓紧抓实抓细，抓出实实在在的成效。

　　作为基层的教师，我们还要坚持情感控辍，建立关爱引导机制。建立健全学生关爱体系，帮助适龄儿童少年解决入学困难。教师立德树人，注重对厌学学生的帮教转化，帮助他们树立起孜孜求学、天天向上的信心，安心在校园用心读书。每一位教师要以博大的师爱去关心呵护每一个学生的成长，这是控辍保学的首要条件。

　　关爱每一位学生是教师职业道德的基本要求和教育教学的基本原则。教师要像阳光一样去温暖每一个学生的心灵，用自己广博无私的爱去塑造每一个学生的心灵，尤其是后进生，我们要做到施爱但不偏爱，思想上不歧视、感情上不厌恶、态度上不粗暴，以满腔的热情去感染他们，用诚挚的爱心去浇灌他们，使他们时刻感受到来自老师的关爱；教师还要善于发现学生身上的闪光点，让他们找到学习的信心和乐趣；教师要以高超的教学艺术吸引学生；教师要分层教学，因材施教，大部分学生离开学校的原因是跟不上，听不懂；学校要开展丰富多彩的文娱活动，增强班级凝聚力；学校要加强家校共育，让家访架起家长、老师学生之间的沟通桥梁，这些是控辍保学的必要条件。

　　控辍保学是义务教育阶段十分重要又极其艰巨的工作，这是一条充满挑战布满艰辛的路。相信有各级党委和政府的坚强领导，全体教育工作者的努力工作，我们一定能真正做到"一个都不能少"，西昌的教育明天会更美好。

（注：文中学生名字皆为化名）

点亮心灵的光

西昌市第五小学　黄龙娇

在今年教师节的余韵中，一个新的故事悄然拉开帷幕。一位从江西转来的女孩瑶瑶，带着她的倔强与迷茫，走进了我的班级。

初见瑶瑶，她高挑的个子，休闲的装扮，可爱的卡通包，却满脸的不情愿，她父亲让她招呼我，她低头不语。从她父亲的口中得知，她在老家长期无人管教，已完全不学习。爷爷去世后，奶奶更管不了她，任她自由散漫。看着瑶瑶恶狠狠地盯着父亲的样子，我心想这孩子可不好管教。可等他父亲走后，在与瑶瑶的交流中，我却发现她并非如父亲所说的那么糟糕。她认真写名字的样子，对画画的热爱，都让我看到了她内心的闪光点。

然而，适应新环境的过程并非一帆风顺。瑶瑶刚到班级，在自我介绍环节就陷入了沉默，无论同学们怎么鼓励，她只是小声地说出自己的名字，多一句话也不说。午饭时，她一直说自己不想吃饭，最终在我的劝说下才勉强吃了一点。后来，在一次作文任务中，她与我发生了激烈的冲突。她拒绝写作文，甚至在我要求她写的时候，愤怒地冲出教室。我担心她的安全，连忙追出去把她拉回教室，可她却把书包狠狠地扔在地上。我生气地说要叫家长带她回去，她却毫不畏惧地回应，等她父亲来了，她依旧沉默不语。这让我既生气又担心，但了解到她的内心想法后，我又对她多了一份心疼。

从瑶瑶父亲那里得知，她平时在家不高兴就把自己锁在房间里，与大人顶嘴更是家常便饭。她抱怨父母把她一个人留在江西老家，而哥哥姐姐都跟着父母在西昌做生意，内心极度不平衡。父亲意识到问题的严重性，才同意将她转学到西昌。她的妈妈几乎不管她，爸爸也只有小学文化，在学习上无法给予她太多帮助，但好在爸爸是个明事理的人，愿意配合我教育孩子。

为了更好地了解瑶瑶的情况，我和她父亲约定每天反馈她在学校的表现。同时，我决定进行一次家访。一个周末，我来到了瑶瑶家，敲开门，她看到我时，眼中闪过一丝惊讶。她的家虽然不大，但布置得很温馨。她父亲热情地迎接我，我们坐在客厅里交谈。我看到她的房间里摆满了绘画作品和一些书籍。我对瑶瑶说："你的画真漂亮，看得出来你很有天赋。"她微微低下了头，但我能感觉到她的心里有一丝喜悦。通过家访，我更加深入地了解了瑶瑶的成长环境和内心世界。

家访结束后，瑶瑶对我的态度有了一些变化。在学校里，她更加努力地学习和参与班级活动。我把她每天的表现及时与她父亲沟通，并给予方法指导。当我得知有家庭教育指导讲座时，我推荐她爸爸去学习。在学校，我给予她更多关怀，让学习委员和她做同桌，她兴奋地告诉爸爸她终于有同桌了。课堂听写，我耐心鼓励她，从一个都不会写到全部写出，我每次都毫不吝啬地及时表扬她，还选她参加校级足球联赛，让她更好地融入班集体。

我想瑶瑶的问题，不仅仅是学习上的，更与她的家庭密切相关。父母的忽视，让她内心极度不平衡，敏感而又过激。但幸运的是，她的父亲是个明事理的人，愿意与我一起努力改变瑶瑶。

自从经历了上次冲突和一系列的教育行动后，瑶瑶的性格发生了变化。她会主动和我交流，告诉我她的想法，我也会耐心倾听，给予她一些帮助。虽然第一次测试她只考了十几分，但是听她爸爸说她上学期在老家期末考试竟然交白卷，这已经让我很欣慰了。我坚信只要给予她足够的信任，不断鼓励她，帮助她，她一定会进步的。

这个故事让我深刻体会到，对于特殊的孩子，我们需要多给予关怀和温暖。从家庭入手，加强家校合作，努力点亮孩子心灵的光，用爱与理解去照亮他们的成长之路，期待她绽放出属于自己的光彩。

用心用情化危机，科学引导润心灵

西昌市第五小学　刘婧

如果把班级比喻成一艘扬帆远航的帆船，那么学生干部就是那一块块压舱石。在小学的教育管理工作中，小学生的心理健康教育非常重要，班主任作为小学生健康成长的指导者和引路人，要重视学生的心理健康教育，掌握一定的学生心理健康教育知识，通过观察学生的日常学习和生活，了解学生的思想动态和心理健康状态，制订科学的心理健康教育方案，引导学生加强心理素质，帮助学生挖掘个人的心理潜能。作为班主任，要从日常的学生教育管理工作中，选择一种心理问题疏导的案例，通过发现、了解、干预、关爱等方式，引导学生正确认识心理问题，科学治疗心理障碍，恢复稳定的心理状态，帮助学生健康快乐地成长。

一、背景介绍

学生小磊（化名），男，敏感、自卑、严重自责，不爱与同学交流互动。

刚入学时，全班同学中午在学校食用午餐，只有小磊同学一到饭点，脸上就愁眉苦脸的，后被老师发现，与其谈心追问原因，小磊自述家中贫困，想着在学校食用午餐需要缴纳一定的费用，会给家庭造成负担，觉得自责，说着便掉下眼泪。6岁的小磊因为过于敏感、自责，导致在校食欲低下，郁郁寡欢。

上课时，我为了考查孩子们的预习情况，在课堂上提出了一个只有预习了的同学才可以回答出来的问题，这时提前预习的同学纷纷举手，我让其中一个同学回答，并针对此同学回答的正确情况进行了表扬，同时鼓励全班同学要做好提前预习。在我看来这是一个很正常的教学环节，想通过一件积极的行为鼓励更多同学去变得积极。下课后，全班同学到操场参加升旗仪式，这时同学们纷纷向我来报告，小磊在自己扇自己的耳光。顺着学生指着的方向望去，小磊一边大哭，一边使劲自扇双脸，此时脸已经被他扇得通红。我马上上前把他双手掌控住，并让他深呼吸，待他情绪稳定后再询问他相关情况，排除了被同学欺负、被老师批评的情况，我有点纳闷，于是我再次询问那是什么原因需要对自己下这么重的手呢？他扣了扣自己的脑袋，很委屈地告诉我："因为你上课提出的问题，我不会回答，所以我就很自责。"过于敏感、自责的小磊因没有正确内化外界事物矛盾的能力，导致用极端的行为来惩罚自己。

一天早晨，小磊被大妈数落了几句，便一个人背着书包下楼，大妈以为他会在楼下等待她一同去上课，几分钟后大妈下楼发现小磊已经不见了。小磊背着书包并未到学校，急得大妈不知所措，我也发动部分的家长帮忙寻找小磊，最终在大妈的儿子家找到了小磊。小磊因不能接受批评，选择了错误的方式去逃避。

二、原因分析

（一）个性原因

小磊性格内向、胆小、对自我认识模糊，有较强的自卑感、自责倾向，对于新环境的适应能力较弱。

（二）家庭原因

1. 父子关系

小磊6岁，爸爸已经60多岁了，父子年龄差距较大。父子间沟通较少，父亲多以命令式口吻与小磊进行沟通，因此小磊比较惧怕父亲。

2. 家庭关系

小磊家庭比较复杂。小磊父亲一共有三次婚史，小磊为其父亲与第二任妻子所生。在小磊年幼时，父母便离婚，人民法院将小磊判给其父亲抚养。离婚后，小磊妈妈便离开四川去了外地生活，很少回来看望他，导致小磊从小缺乏母爱。没多久小磊父亲便与第三任妻子结婚，第三任妻子对小磊也关心较少，导致让小磊从小就感到自卑、自责，做事总是小心翼翼。

随着时间推移，小磊到了要上小学的年纪，小磊父亲想把小磊送进市区里上学，但是自己与现任妻子在镇上开了个超市，不能全身心地到市区照顾小磊，于是小磊父亲把小磊送到了第一任妻子处进行抚养。小磊父亲的第一任妻子，小磊称她大妈，小磊大妈腿脚有些问题，走路一瘸一拐的，因孩子已经30多岁且成家立业，小磊大妈便带着小磊单独生活。小磊大妈算是小磊最爱的人，大妈给足了小磊缺失的母爱，对小磊的生活、学习、心理都是一个极大的安慰。

（三）学校原因

由于班级人数较多，老师不能照顾到所有学生，个别敏感的，成绩差的，性格极端的学生会产生自卑感。再加上在班级集体活动中，由于小磊缺乏主动性，使得他越来越被边缘化，长此以往，小磊越来越远离这个群体，形成恶性循环，更加剧了他的自卑和畏难心理。

三、辅导实施过程

辅导实施过程针对小磊同学所表现出来的这些现象，为了能够有效地解决，使其敞开心扉，我们再接再厉，希望能够采取科学有效的措施，帮助小磊摆脱心理上的困扰，恢复正常的生活。

（一）在心理专家和医生的指导下开展工作

配合专家和医生进行有效指导，小磊的心理问题有所缓解，在通过了一段时间的治疗后，小磊虽然还不能完全与同学非常愉快地相处，但开始与同学主动进行交流了。另外在得到了心理专家和医生的"小宝藏"后，小磊每天上课积极性提高了不少，且不再有自责现象，整个人变得自信和乐观起来。

（二）用"情"，倾听疏导，稳定学生情绪

1. 改变认知

美国心理学家艾斯认为，引起人们情绪困扰的并不是外界的事件，而是人们对事件的态度、看法、评价等认知。因此我主动帮小磊分析产生这些不良情绪或自卑感的原因，并进行赏识教育。小磊做事很用心，我肯定和鼓励他的这一优点。在学习上遇到挫折的时候，我会及时指导他解决问题，鼓励他在日常生活中增加交友范围，从而帮助小磊树立自信心。

2. 感受师爱

对于自我效能不高的小磊，我不会过多地指责他的缺点，而是注意发现小磊微小的进步，并加以鼓励，让他一直保持前进的步伐。在课堂教学中，我特别注重小磊的感受，引导他参与课堂提问，用鼓励的话语帮助他参加班级集体活动，给予他生活上更多的关心和照顾，并在课间与他亲切交流，让他处处感受到老师对他的关爱。

人都有被他人尊重，获得成功体验的需要。我特意给小磊安排了小组长的职务，让他收小组同学的作业。一段时间以后，他态度认真积极，逐渐有了存在感，脸上不再一片阴霾。他开始变得开心自信起来，同学们也越来越喜欢和他一起玩。

（三）用"爱"，家校联合

教育学家苏霍姆林斯基曾把儿童比作一块大理石，他曾说："把这块大理石塑造成一座雕像需要六位雕塑家，其中一位便是家庭。"家庭在塑造儿童的过程中起到非常重要的作用。对于小磊的自卑畏怯，很大一部分原因在于家庭环境与教育方式。因此，我把她爸爸和大妈请来，详细分析了小磊在校表现情况及原因，与他们交流反馈情况，共同商量解决孩子心理问题的办法，建议他们给孩子提供表现机会，并进行适当的肯定与表扬，用温和委婉的话语与小磊交流相处，让孩子重塑自信。

四、评估反思

通过三个月的心理辅导，小磊的自信心明显提高了，上课能积极举手发言了，不再因为答不出老师提出的问题或者回答问题出现错误而进行自责了，也会主动和小组同学讨论交流了。课下经常看到他和几个男生三五成群走在一起有说有笑。现在，他成绩也稳步提高，小磊的大妈也反映他不再那么内向，整个人变得阳光向上，还会主动帮忙做家务。

走进孩子内心，助力孩子成长

西昌市第五小学　曹萍

一、背景介绍

小明（化名），男，10岁，小学四年级学生。自父母离婚后，小明跟随父亲生活，并很快成了重组家庭的一员，家中新增了一位继母和一个年幼的弟弟。父亲的重心也从小明的身上转移到了年幼的弟弟身上，对小明逐渐失去了耐心，再也不愿意听小明讲身边发生的事儿了。原本性格开朗的小明，在新家庭环境中逐渐变得沉默寡言，学习成绩下滑，行为上也出现了明显的变化。

二、心理症状

1. 情绪与行为变化

（1）沉默寡言。小明变得不愿与人交流，经常独自发呆，自言自语。

（2）情绪暴躁。对家人和同学小明也表现出暴躁和易怒的情绪，甚至发生打人、故意损坏东西等行为。

（3）学习动力不足。即使面对简单的任务，小明也感到力不从心，缺乏完成学习的动力。

2. 学习成绩下降

小明的学习成绩明显下降，课堂上经常发呆，对学习提不起兴趣，无法集中精力学习，即使在没有外界干扰的情况下，小明的注意力也常常不能集中，或者表现出学习上的倦怠和逃避，课堂表现不佳。

3. 生理症状

（1）睡眠障碍。夜间难以入睡，或睡眠质量差，导致白天精神萎靡，上课打瞌睡，黑眼圈逐渐加深。

（2）食欲不振。对食物失去兴趣，进食量减少。

三、成因分析

1. 家庭环境的改变

父母离婚及重组家庭对小明的心理造成了巨大冲击。他不仅要适应新的生活环境，还要面对复杂的家庭关系，包括继母和弟弟的加入，导致他感到孤独和无助。

2. 亲子关系的调整

父亲在重组家庭后对小明的关注明显减少，大部分时间和精力都放在新家庭和弟弟身上，使小明感到被忽视和不被重视，产生自卑和沮丧的情绪。

3. 对新家庭成员的接纳程度

小明难以接纳继母和弟弟，认为他们剥夺了自己在家庭中的地位和关爱，加剧了内心的矛盾和冲突。

4. 社交障碍

因家庭问题小明在学校受到同学的孤立和嘲笑，缺乏朋友的支持和倾诉对象，导致他的社交能力下降。

5. 学习压力

学校的学习压力较大，小明因心理问题无法集中精力学习，成绩下滑，进一步加剧了他的焦虑和挫败感。

6. 个人因素

（1）性格内向。小明原本性格内向，不善交际，这使他更难适应家庭和学校的变化，加剧了心理问题的发生。

（2）缺乏应对策略。小明在面对压力和困难时缺乏有效的应对策略，容易陷入消极情绪中无法自拔。

四、干预措施

1. 家庭干预

（1）增强亲子沟通。父母应增加与小明的沟通时间，了解他的内心需求，给予更多的关爱和支持。

（2）改善家庭氛围。营造温馨和谐的家庭氛围，减少矛盾和冲突，增强家庭成员之间的信任和理解。

良好的家庭教育有利于培养学生健康向上的心理品质和健全人格，也有利于促进小学生全面发展。特别是小学生，他们缺乏社会经验，父母应该对小学生进行适当的教育，为其创造一个和谐友爱的家庭环境，鼓励子女尊老爱幼，助人为乐。

2. 学校干预

（1）心理辅导。在察觉到小明的心理问题后，学校安排了专业的心理咨询师为小明提供心理辅导服务，帮助他解决心理问题。

（2）社交支持。班级教师鼓励小明参与集体活动，增加与同学之间的交流和互动，培养他的社交能力。

3. 专业治疗

心理健康教师通过认知行为疗法帮助小明改变消极的思维模式和行为习惯，增强其自信心和应对能力。

五、效果评估

经过一系列干预措施的实施，小明的心理状况逐渐好转。他变得愿意与人交流，情绪稳定，学习成绩也有所提升。同时，家庭氛围变得更加和谐，父母与小明之间的关系得到了改善。这些变化表明，针对儿童心理压力的干预措施是有效的，能够促进其心理健康发展。

数学之美、品德之辉

——小学数学教学中的家校共育案例

西昌市第五小学　马三梅

在当今社会，教育已经不再是学校单方面的责任，而是需要家庭、学校乃至社会共同参与的过程。特别是在小学阶段，孩子们正处于知识启蒙和习惯养成的关键时期，家校共育显得尤为重要。数学，作为一门基础学科，对于培养孩子的逻辑思维能力、分析问题和解决问题的能力具有不可替代的作用。因此，在小学数学教育中融入家校共育的理念，不仅能够提升孩子的学习效果，还能够促进其全面发展。以下是一个小学数学与家校共育的真实案例。

一、背景介绍

西昌市第五小学是一所注重全面发展的素质教育学校，学校一直致力于探索有效的家校共育模式。我担任了该校六年级（1）班数学教学任务及班主任工作。在我接触该班一个星期后，发现部分学生在数学学习上存在一些问题，如计算粗心、对数学概念理解不深、缺乏学习兴趣等。为了提高学生的数学学习效果，我决定与家长合作，共同开展家校共育活动。

二、问题分析

1. 学生方面

（1）计算能力有待提高。部分学生在做计算题时经常出现粗心大意的情况，如看错数字、写错符号、背错口诀等。

（2）数学概念理解困难。对于一些抽象的数学概念，如分数、小数等，学生理解起来比较困难，难以将其应用到实际问题中。

（3）学习兴趣不足。一些学生对数学学习缺乏兴趣，觉得数学枯燥乏味，学习积极性不高。

2. 家长方面

（1）缺乏有效的辅导方法。很多家长虽然关心孩子的学习，但由于缺乏专业的教育知识，不知道如何有效地辅导孩子学习数学。

（2）对孩子的学习关注不够。有些家长由于工作繁忙，没有足够的时间关注孩子的学习情况，对孩子的学习问题了解甚少。

（3）教育观念存在偏差。部分家长过于注重孩子的考试成绩，而忽视了孩子的学习过程和思维能力的培养。

三、家校共育方案

1. 建立沟通渠道

建立了班级家长微信群，方便与家长及时沟通。在群里，我会定期发布学生的学习情况、作业布置等信息，让家长了解孩子的学习进度。

定期召开家长会，与家长面对面交流，听取家长的意见和建议，共同探讨孩子的教育问题；也会不定期会见个别家长，针对孩子当前的问题进行及时反馈，和家长一起协商出如何纠正孩子不恰当的行为或不好的习惯方法。

端午节、中秋节等中国传统节日时，邀请家长到学校教孩子们包粽子或讲相关节日的习俗，让家长了解孩子们在学校的情况，同时也促进了家校的共育能力。

2. 开展家长培训

邀请教育专家为家长进行培训，传授科学的教育方法和理念。培训内容包括如何培养孩子的学习兴趣、如何辅导孩子学习数学、如何与孩子沟通等。

组织家长经验交流会，让家长们分享自己在教育孩子方面的成功经验和做法，互相学习，共同提高。

3. 亲子数学活动

布置"亲子数学作业"，如让家长和孩子一起制作数学手抄报等，培养孩子的动手能力和创新思维。

组织"家庭数学实践活动"，如家长带孩子去超市购物时，要求让孩子独自完成记账、算账等事宜，通过这样类似的"作业"让孩子在实际生活中运用数学知识，提高孩子的数学应用能力。

每天坚持"家庭亲子运动30分钟"，让家长和孩子一起运动，培养孩子的数感和坚持的毅力。

4. 个性化辅导

我对学生进行分层教学，根据学生的学习情况和能力水平，制订不同的教学计划和辅导方案。对于学习困难的学生，我会与家长沟通，共同制订个性化的辅导计划，帮助学生克服学习困难。

鼓励家长关注孩子的学习过程，及时发现孩子的问题，并与老师一起帮助孩子解决问题。家长可以通过与孩子一起做作业、检查作业等方式，了解孩子的学习情况，及时给予孩子帮助和鼓励。

四、实施过程

1. 建立沟通渠道

在开学初就接手了班级家长微信群，并核对所有家长是否加入，清理群里的不相关人员。在群里，我会每天发布作业布置和完成情况，让家长了解孩子的学习任务。同时，还会定期发布学生的课堂表现，让家长及时了解孩子的学习进度。

第一次家长会在开学后的第一个星期一召开，我向家长介绍了自己的教学理念"身体和心理健康第一、学习第二"。并对教学理念的产生进行了详细的说明，特别强调的是"老师的初心都是为了孩子好"。如果个别孩子有特殊问题，请家长们及时跟我沟通，我会为这个孩子制定一套适合他的教学方法。在家长会上，我还邀请了以前所教班级的家长代表分享了自己在教育孩子方面的经验和做法，受到了现在家长的欢迎和好评。

2. 开展家长培训

开学后的第二个月，我邀请了一位教育专家为家长进行培训。专家从如何培养孩子的学习兴趣、如何辅导孩子学习数学、如何与孩子沟通等方面进行了详细的讲解，并结合实际案例进行分析，让家长们受益匪浅。

家长经验交流会在家长学校结束后的一个月举行，我邀请了几位在教育孩子方面有成功经验的家长分享了自己的做法和经验。家长们互相交流、互相学习，共同提高了教育孩子的水平。

家访时间：针对部分家长过于注重孩子的考试成绩的情况，我通过电话、微信、QQ或下午接孩子的时候，让家长谈谈自己对孩子的想法及要求后，运用心理学上所学的相关知识疏导家长缓解焦虑的情绪，给家长灌输正确的教育观念。

3. 亲子数学活动

"亲子数学作业"，在第二个月的最后一周布置，我会根据教学内容和学生的实际情况，设计一些有趣的亲子作业，如制作数学手抄报等。家长和孩子们一起动手制作，不仅培养了孩子的动手能力和创新思维，还增进了亲子之间的感情。

"家庭数学实践活动"，在节假日和假期举行，我会给家长们一些建议，如带孩子去超市购物、去公园测量物体的长度和高度等。家长们带着孩子一起参与实践活动，让孩子在实际生活中运用数学知识，提高了孩子的数学应用能力。

"家庭亲子运动30分钟"，由于现在电子产品太多，孩子对它又充满了太多的好奇心，只要家长监督不够，孩子就很容易沉迷其中，从而导致四肢运动不协调、专注力不够等问题。因而，为了孩子的身心健康，我和家长们协商了一件每天必做的事——亲子运动30分钟。坚持一段时间后，家长们反馈孩子生病的频率减少了，和他们聊天的内容多了，做作业的效率提高了。

4. 个性化辅导

我在平时的教学中，会对学生进行分层教学，根据学生的学习情况和能力水平，制订不同的教学计划和辅导方案。

对于学习困难的学生，首先我会先了解孩子的家庭情况，再与家长沟通，共同制定个性化的辅导计划。例如，对于计算能力差的学生，我建议家长让孩子多做一些计算题，多注意他在写计算题时的每一个步骤，如发现不对之处，及时纠正；如果家长没有能力，就利用QQ视频功能让孩子演算不会的题给我看，我给孩子及时讲解，直到孩子会做这类题为止；我再利用孩子在校期间的空余时间，把计算题分类教学，每天练习两三道相关的题型。经过一段时间的练习，此类学生的计算能力也有了明显的提高。

对于理解能力差的学生，我建议家长让孩子多读一些数学故事书，帮助孩子理解数学概念，并在教学过程中，有意识地让这部分孩子来读题，分析题意，加深孩子对数学概念的理解。

同时，家长也可以将孩子在学习中遇到的问题反馈给老师，让老师及时调整教学计划和辅导方案。我允许孩子把不懂的题空着，并让家长们鼓励孩子积极问老师不懂的题，只要有一个同学把自己不懂的题当着全班同学的面提出来，我就会用"彩虹屁"拼命地表扬他，让全班同学学习他的勇气，说他找到学习的"窍门"。就这样通过一个个的突破，让每一个孩子找回自信，找到学习的动力。

五、效果评估

1. 学生方面

计算能力明显提高。通过一段时间的练习和辅导，学生们在做计算题时粗心大意的情况明显减少，计算准确率大大提高。甚至在几次小测试题上的计算几乎全班都做对了。

数学概念理解加深。通过亲子活动和实践活动，学生们对抽象的数学概念有了更深刻的理解，能够将其应用到实际问题中，分析数学题的能力也明显提高。

学习兴趣增强。亲子数学活动和个性化辅导让学生们感受到了数学的乐趣，学习积极性明显提高。

2. 家长方面

掌握了有效的辅导方法。通过家长培训和经验交流会，家长们学到了很多科学的教育方法和理念，能够有效地辅导孩子学习数学。

对孩子的学习关注增加。家长们通过微信群、家长会、家访等渠道，及时了解孩子的学习情况，对孩子的学习关注明显增加。

教育观念得到转变。家长们不再只关注孩子的考试成绩，而是更加注重孩子的学习过程和思维能力的培养。

六、案例总结

通过这个小学数学与家校共育的案例，我们可以看到，家校共育对于提高学生的数学学习效果具有重要的作用。在家校共育的过程中，教师和家长要密切配合，建立良好的沟通渠道，共同关注孩子的学习情况，为孩子提供良好的学习环境和支持。同时，教师和家长也要不断学习和探索，创新教育方法和理念，提高教育质量，促进孩子的全面发展。

在实施家校共育的过程中，我们还需要注意以下几点。

1. 充分发挥教师的主导作用

教师是家校共育的组织者和实施者，要充分发挥自己的专业优势，为家长提供科学的教育方法和建议，引导家长积极参与家校共育活动。

2. 尊重家长的主体地位

家长是孩子的第一任老师，要尊重家长的主体地位，充分发挥家长的教育作用。教师要与家长平等沟通、合作共赢，共同为孩子的成长贡献力量。

3. 关注学生的个体差异

每个学生都有自己的特点和需求，教师和家长要关注学生的个体差异，因材施教，为每个学生提供个性化的教育服务。

4. 注重活动的趣味性和实效性

家校共育活动要注重趣味性和实效性，让家长和孩子在活动中感受到学习的乐趣和收获。同时，活动也要与教学内容紧密结合，提高学生的学习效果。

总之，小学数学与家校共育是一个长期而复杂的过程，需要教师、家长和学生共同努力。只有通过三方的密切配合，才能实现教育的最优化，从而促进学生的全面发展。

父母缺位，孩子错位

西昌市第五小学　王星辉

一、背景介绍

学生信息：李明（化名），12岁，6年级学生，从6年级开始不完成作业，成绩断崖式下滑。经过老师多方面了解发现，李明长期旷课和"社会人员"一起游戏玩耍。为了避免老师寻找到他，长期吃住在其"社会人员"朋友家中，拒绝到学校学习。

家庭背景：父母在其上2年级时入狱。2—5年级由爷爷照顾其生活学习。5年级时父亲出狱照顾半年后，以事务繁忙拒绝照顾李明，任由李明独自一人在学校附近的出租屋学习生活。老师多次与其父亲联系要求确保李明的人身安全，履行他作为一个父亲的责任，到西昌照顾李明的生活学习，均被其父亲拒绝并将老师联系方式拉黑，老师更换手机号码联系均被拒绝。

学校环境：班级氛围较为紧张，班级没有很好的朋友，也没有同学知道他的下落。

二、具体问题

1. 情感缺失

缺乏父母陪伴的李明，在情感上会感到极大的空虚和不安。他可能经常思念父母，渴望得到父母的关爱和温暖。这种情感的缺失导致他在人际交往中表现出退缩、不自信，甚至产生自卑心理。他害怕与同学分享自己的家庭情况，担心被嘲笑或孤立。由于父母长期不在身边，李明在情感上缺乏寄托，所以经受不住来自所谓的"朋友"的诱惑，便深陷其中，整日与那些"朋友"吃喝玩乐，放弃学业。

2. 心理问题

长期缺乏父母陪伴，李明出现一系列心理问题。他变得内向、孤僻，不愿意与人交流，甚至产生社交恐惧。同时，由于缺乏安全感，他对外界充满戒备，难以建立信任关系。由于父母长期不在身边，李明在情感上缺乏寄托，他希望在虚拟的游戏世界中寻找到归属感和满足感。同时，游戏也成为他们与同学、朋友社交的一种方式，通过共同的游戏体验来加强彼此的联系。因此他沉迷于游戏中，每天熬夜打游戏。他受到外界不良因素的影响，沉迷于网络游戏、结交不良朋友等。

3. 教育影响

父母是孩子的第一任老师，父母的教育和引导对孩子的成长至关重要。没有父母陪伴的孩子，在教育上可能面临诸多问题。李明的学习缺乏家长的监督，导致李明沉迷于网络游戏、结交不良朋友，导致成绩下滑，最后完全放弃学业。

4. 生活困境

没有父母陪伴的孩子，在生活上也面临诸多困境。同时，由于家庭经济来源不稳定，他们的物质生活条件也较差。这些困境可能进一步加重他们的心理负担，影响他们的身心健康。由于只有李明一人在出租屋内。他缺乏基本的生活技能和自理能力，如做饭、洗衣等。

三、成因分析

家庭因素：家庭环境不稳定，由于长期一个人居住，缺乏父母的关爱和管教，导致李明缺乏安全感和归属感。当他接触到社会闲散人员时，禁不住诱惑便放弃学业和"社会人员"一起吃喝玩乐。

家长教育的缺失导致李明不想上学。由于父亲以事务繁忙为由拒绝到出租屋照顾李明,致使李明个性散漫、没有约束力,同时接触不良少年,从而夜不归宿,放弃学习。

个人因素:自我认知偏差,缺乏自信心和自律能力;自控能力差禁不住诱惑。同时由于长期一人生活可能存在的心理问题(如抑郁、焦虑)未得到及时关注和干预。

四、解决方案

1. 家庭干预

学校主动与小明的家长取得联系,增强家长的责任意识,建立有效的沟通机制,定期反馈孩子的成长状况和需求,共同商讨教育对策。同时给予家长一定的指导,建议家长多陪伴孩子,关注孩子的情感需求。但李明父亲拒绝照顾孩子,并且拒绝和老师沟通交流,任由孩子一人生活学习。

2. 学校支持

为李明安排专门的辅导老师或心理咨询师,进行一对一的辅导和心理疏导。

调整班级氛围,通过团队建设活动增强班级凝聚力,让李明感受到来自班集体的关爱。

教师改变对李明的教学要求,确保他能每天平安到校,同时给予更多的关注和支持,鼓励其参与课堂活动。

3. 个人发展

帮助李明建立正确的自我认知,增强自信心和自律能力。认清自我现状,知道现有的生活模式是错误的。明确他和社会闲散人员一起生活的危害。设定小目标,逐步提高学业成绩,并给予适当的奖励和激励。鼓励李明参与社交活动,培养社交技能,建立积极的人际关系。

4. 综合措施

实施家校共育计划,加强家校沟通与合作,共同关注李明的成长和发展。同时借助警察的力量给予正面教育和警告。

五、总结与反思

　　家庭教育是小学生成长过程中不可或缺的重要组成部分。缺失家庭教育不仅会影响孩子的学业成绩和行为表现，还可能对孩子的情感和心理健康造成长期的不良影响。因此，社会各界应共同努力，为缺失家庭教育的孩子提供更多的关爱和支持，帮助他们健康成长。由于李明父亲的极度不负责任，不履行作为一个父亲的责任，导致李明同学缺少了家庭约束力，完全放任自我，和社会闲散人员打成一片，沉迷于游戏中。为了躲避老师的教育，直接夜不归宿，老师无法寻找他的下落。

以爱呵护，牵手同行

西昌市第五小学　杨丽萍

　　是树就要让它长得高大挺拔，是花就要让它开得灿烂耀眼。在我们一线教师眼中孩子们就是一棵棵树，一朵朵花，而我们的责任就是让他们茁壮成长。但他们的成长离不开阳光、空气和土壤的共同滋养。家校共育便是孩子成长的基础，唯有家校通力合作，才能更有效地促进孩子的全面发展。学校与家庭若在学生教育问题上产生分歧，就会给学校的教育和管理带来种种困难，降低学校教育的效率。家庭教育既是学校教育的基础，又是学校教育的补充。"十年树木，百年树人"，因此要努力促进家庭教育与学校教育的相互配合和协调。而在家校共育中，教师则架起了学校教育和家庭教育之间的桥梁。回首30多年的教育生涯，我颇感幸运，因为我不仅见证参与了一届届孩子们的成长，也有幸成为一届届家长的朋友。

情景一：平凡中的感动

　　"杨老师，你还认识我吗？"

　　"你是？……"看着眼前有些陌生的中年妇女，我一时竟认不出是谁。

　　"杨老师，我是小茹的妈妈！杨老师，自从你从桂花小学调走后，小茹就一直在找你……"

我的思绪瞬间被"桂花小学"几个字拉回到了10多年前……

当时我刚从师范学校毕业，被分配到一个名为桂花小学的村小学任教。这所小学只有三个年级三个班，名字挺美，条件却很差，土砖房的教室和教师宿舍，门窗上的木板都被人拆光了，只剩下几个大窟窿。在我们几个年轻老师分配到那之前，学校的教师都是本地的代课老师，我们的到来为这所学校注入了新鲜的血液。对环境我们没有太多的抱怨，很快便投入了全新的工作。我们为孩子开设了所有的科目。第一学期期末测评，三个年级三个班的语文和数学成绩均名列全乡第一，孩子和家长们都特别开心。就这样，四年的时间很快就过去了，我离开了桂花小学，后来又经过几次调动，最终调到了现在的学校，我一如既往地努力工作。

"杨老师，我们终于打听到你调到了这所学校，我和孩子都想再见你一面，当面向你说一声谢谢！"小茹的妈妈非常激动，眼眶湿润。我找了个地方和她坐下来慢慢聊，过去的一幕幕又清晰地浮现在眼前。我记得小茹当时是一个非常瘦弱的女孩，不太爱说话，常常一个人安静地待着，她非常好学，上课时一双水灵灵的大眼睛总是专注地看着黑板，生怕漏掉什么。但是她经常缺课，有一天小茹又没来上学，放学后我便和另外一名老师一起去孩子家家访。通过和小茹妈妈的交谈，我们得知原来是因为家里孩子比较多，小茹还有一个哥哥和一个弟弟，爸爸又重男轻女，常常让她干家务活，不太愿意让她去学校。爸爸经常说："女孩子迟早是要嫁人的，读书有什么用！"妈妈虽然也心疼孩子，但家庭的现状也让她感到无助。我们在了解了她的情况后，和小茹的爸爸进行了沟通。后来又专门进行了几次家访，最终说服了爸爸保证让小茹每天按时上学。渐渐地，小茹变得爱说爱笑了，看着孩子的变化，我们都非常高兴。后来因为各种原因，我从桂花小学调走了，走的时候因为时间有些仓促，都没来得及和班上的孩子们告别。小茹妈妈告诉我，当知道我调走的消息时，小茹特别难过，长大一点后她就四处打听我的消息。一个偶然的机会知道我在现在的学校工作后，便让妈妈赶了过来。妈妈告诉我，孩子学习一直都很努力，现在在上海有一份稳定的工作，当面谢谢我是她和孩子多年的心愿，现在这个愿望终于实现了！我告诉小茹的妈妈这些是我们分内的工作，小茹的妈妈却一直重复："没有你们，就没有孩子的今天。"

送走小茹妈妈后，我内心久久不能平静。这次见面让我感触颇多。我仅仅是因为工作原因，几次在我看来很平常的家访却改变了一个女孩的一生，10多年的寻找对于一个孩子来说多么不容易啊！这件事让我重新认识到了"老师"这两个字的分量，也让我明白了教育除了责任以外，还有爱，因为爱使家庭、社会、学校共同努力，成就了孩子。从此，我以新的热情投入我的教学和班主任工作中。

情景二：转变家长做好榜样

班上有一个男生，聪明，爱动脑筋，学习成绩也不错，但孩子经常讲脏话，举止行为很随意，爱欺负同学。孩子的家长非常支持班上的工作，班上的所有需要家长参与的活动他都积极报名，并协助班上开展家长进课堂的工作。我觉得孩子的表现和家长的举动有些冲突，百思不得其解，便和家长进行了沟通。当我把孩子在学校说的脏话及其他不良表现告知家长时，孩子爸爸吃惊地说："这全是我和朋友开玩笑时说的话，连语气都一模一样！"爸爸完全没有想到孩子把自己和朋友开玩笑时的一言一行模仿得惟妙惟肖。我告诉孩子家长，父母是孩子的第一任老师，他们的言传身教对孩子的成长起着至关重要的作用。这个阶段的孩子正是模仿能力特别强的时候，家长应该注意自己的一言一行，做好孩子的表率，否则会影响孩子的一生。孩子爸爸意识到这一点后，回家就和孩子进行了沟通，告诉孩子自己这样说话是不对的，并和孩子达成协议，一起改正各自的缺点，并互相监督。在家长的配合下孩子很快就改掉了说脏话的毛病，行为习惯也规范了许多。

这一案例让我明白，其实每个孩子内心深处都是纯洁的，他们的成长受周围环境的影响。家庭是孩子的另一个课堂，改变孩子接触的不良环境，孩子就能健康成长，老师和家长正确的引导尤为重要。教师应注重与家长的沟通，让家长有意识地提高自己的教育水平，成为学生的榜样，成为孩子的引路人。

情景三：以身作则赢得信任

送走了一届六年级的学生，按惯例我一般会接手教一年级。但因一个老师休产假，我便从二年级接手了她的班级。班上有一个女生很特别，她是男孩子性格，很有号召力，经常带着几个男生调皮捣蛋，让班上的纪律显得很差，我经常思考要采用什么办法才能转变她。有一天，教室门口的班级文化墙刚布置好，我便在班上宣布了规矩：不能故意去损坏。可是刚下课，便有孩子来告状，说班上一个男孩用铅笔去把墙上孩子们的作品戳坏了。我让男孩过来，询问情况。男孩低头承认了错误，并保证以后不再弄了。我问他为什么要用铅笔去戳，他说："是卢××让我弄的，她说我弄坏了她赔，她明天还给我带好吃的，她家有的是钱！"听了这话，我非常生气，便让别的孩子把卢××找来。不一会，一个留着一头短发的女孩站到了我面前。我打量着她：她双手插在裤兜里，一双漂亮的眼睛直视着我。我问道："是谁破坏的班级文墙？""不是我！""是你让×××用铅笔去戳的？""是的。""你说让他尽管戳，戳坏了你赔！""嗯。""为什么这样做？""好玩呗！"卢××一脸的无所谓，几句简短的对话让我认识到这个孩子对老师的抗拒。我告诉卢××她违反了班上的规定，故意损坏公物，放学得留下来。卢××不以为然地答应，然后回到了座位。

放学后，卢××的奶奶来接她，我把孩子的表现告诉了奶奶。奶奶非常生气，但又一脸无奈，我便单独和奶奶了解孩子的情况。奶奶告诉我，孩子的爸爸妈妈结婚时都很年轻，爸爸没有责任心，不顾家，不照顾孩子。爸爸妈妈现在离了婚，孩子便跟着奶奶，奶奶只能照顾孩子的日常生活，在教育孩子方面也是力不从心，我便让奶奶通知卢××的爸爸第二天来学校。

第二天，爸爸来到学校，我把卢××单独叫出来，把孩子在学校的表现告知爸爸。爸爸有些生气，教育了孩子几句。我发现卢××根本不愿意听爸爸说话，便说："卢××，他是爸爸，我们不应该这样对待爸爸，要有礼貌！"卢××听我这样说，竟然用脚去踢爸爸，让爸爸走开。我拉住孩子生气地说："你这是没礼貌的表现"孩子哭了，一边大声喊道："我讨厌你们！"孩子情绪特别激动！听了孩子的话，我震惊了，这孩子说的话明显对我和他爸爸有很大的意见。我看看爸爸，他和我一样的尴尬。我蹲下来，按住孩子的手臂，努力使她平静下来，轻声说道："你犯了错误，我们让你改正，如果我们有问题，你也可以指出来，我们也一定会改正！"卢××说："你说话算数！"我说："当然！"卢××又说道："那你能做到不打我们的手心吗？"我松了一口气，原来教室讲台上放了一把软尺，孩子们犯了错误，以前的老师就会用软尺惩戒她们！那天一个孩子犯了错，我也用这把尺子惩罚了他一下！听了卢××的话，我立刻走进教室，把软尺拿出来交给她，让她自己把尺子扔进垃圾桶，并告诉她："你放心，杨老师以后绝不打手心。"软尺丢进垃圾桶后，卢××放松了许多，在我的引导下也承认了错误。我又让卢××给爸爸提意见，卢羽凡流着眼泪说爸爸整天只顾玩，根本不爱自己。孩子离开后，我和爸爸进行了交流，我告诉爸爸答应了孩子的事就一定要做到，只有这样孩子才会信任我们！并告诉爸爸卢××没有安全感，缺父母的爱。爸爸也意识到自己教育孩子的问题，表示会多关心孩子。

从那以后，讲台上再也没有放过软尺，我也没打过孩子的手心。一天早上，我先去办公室处理了一点事情，赶紧去教室上课。我走到教室门口，听见里面有几个孩子在争吵，一个声音大声说道："杨老师不会迟到，杨老师说话从来都会做到，她今天一定会准时到的！"原来我要求孩子们八点到校，不能迟到，同时也告诉孩子我也不会迟到！今天差几分钟就八点了，几个孩子正在打赌我会不会迟到。刚才大声说话的就是卢××！看到我准时走进教室，她得意地看了一眼周围的同学，回座位去读书了。我庆幸准时进了教室，以身作则，又一次赢得了孩子的信任！我庆幸孩子逐渐接受了我，并开始维护我！我也庆幸因为有了爸爸的关爱，孩子不再叛逆，而是在一点点地进步！当我们用自己的实际行动、用真情打动家长的时候，他们也会大力支持并配合老师一起教育孩子，及时发现和解决学生的心理问题，保障学生的心理健康。

情景四：放大表扬得到反馈

班上有一个男孩，每天不认真写作业，上课坐不住，不团结同学，跟同学打架。身上的毛病很多，我便联系了家长告知孩子存在的问题。家长说："这孩子存在的问题以前的老师给我们反映过，我们都知道，都在教育，打也打了，骂也骂了，就是不起作用，我们也头疼。"和家长沟通后，我开始查阅类似学生的教育案例，一位教师提到的"表扬激励法"让我颇有感触，我决定在这个孩子身上试一试。当我把想法告诉家长时，家长一脸疑惑地看着我，因为他们知道自己孩子身上的毛病太多，老师和家长几乎从未表扬过他。我耐心地给家长做了解释，并告诉家长具体的操作方法，让他们配合我，换一种方式进行教育。于是我便每天找机会"无中生有"地表扬这个孩子："陈××今天上课的时候专心看黑板，表扬！""陈××今天没动手打同学，表扬！""陈××今天字写得比昨天好，表扬！"面对我频繁的表扬，陈××开始只是有一点惊讶，但也不太在意。有一天我听到几个孩子在议论："陈××现在好厉害哦，杨老师天天表扬他！"我看到旁边的陈××也听到了这句话，他虽然没有说什么，但脸上却露出了一丝不易觉察的得意。我坚持把每天表扬的内容发给家长，让他们在家里也表扬孩子。坚持了一段时间后，我发现陈××由最初表扬时的不以为然变得深信不疑。慢慢地，他变了，上课听讲了，不打架了，书写工整了。陈××的转变让我明白了其实每个孩子的内心都是向阳的，只是缺少爱的阳光！我和家长的认可，让孩子的心得到了滋润，便开出灿烂的花。

这个案例也让我意识到其实家长也想为孩子创造好的成长环境，但由于家长所接受的教育参差不齐，在教育观念、方法上有巨大差异，很难做到用最适合自己孩子的教育方法来影响孩子，这就需要发挥教师的作用，向家长宣传科学的教育教学思想和教育理念，使家长意识到应该主动参与到孩子的教育中来，并且帮助家长提高素质，提高理论水平，有意识、主动地去培养学生良好的行为习惯，从而最大限度地发挥家校联动的作用。

情景五：发动家长寻找教育同盟

这学期我申请教一年级，我想自己带班，开始辛苦一点，但只要把孩子们的习惯培养好，后面就比较顺利了。没想到刚接触这些孩子他们就给我来了一个下马威，让我开始觉得当老师是一种折磨！我接到的这个班的孩子年龄、个子都偏小，但是他们的自我意识特别强，每个孩子都有自己的特点。前几天的常规训练每节课都会让我汗流浃背，因为孩子都沉浸在自我的世界里，老师的指令、口号对他们来说都不太起作用！望着眼前这些不听指挥、自由说话、各自玩耍的孩子们，我和数学老师几乎要崩溃了，怎么办？只有想办法了。我找了各种小游戏，搜集了许多故事，用来激励孩子们，只要孩子们上课认真听讲，得到规定次数的表扬，就带他们玩游戏、给他们讲故事。我使出了各种解数，但仍然收效甚微。

就在我愁眉不展时，数学李老师想到了一个办法：发动家长参与管理。李老师把孩子们分成几个战队，每个战队人数相同，孩子们自己选人组队，并自己选出战队组长，同时给自己的战队取一个响亮的名字。孩子们一下子就来兴趣了，光看名字就格外激动："学霸战队""高分战队""行星战队""樱桃战队""奥特曼战队""闪耀战队"……

班上孩子个子小，我们决定先让孩子坚持每天跳绳，家长把孩子每天跳绳的视频发到各自战队群里，由组长妈妈进行监督、评价。就这样，我们欣慰地看到孩子的积极性一下被调动起来，各个战队你追我赶，从不会握绳到能跳一两个，到现在的一分钟跳几十个、上百个……孩子们一天天在进步！看到这个契机，我们把战队之间的竞争扩大到了课堂上，制订了课堂上的各种加分制度。单靠我们两个老师是不行的，我们还有教学任务，没有那么多的精力完成每天的积分。我们便调动家长参与把孩子们课堂上的积分和"战队每天的成绩"交给其中一位家长进行统计，然后每周进行评比，并给予一定的奖励。我们惊喜地发现战队内部的团结和战队之间的竞争，提高了孩子们的专注力。班上除了老师，还多了10个小组长和组长妈妈的监督，还有组内孩子之间的互相督促，孩子们的专注力提高了，我们上课明显轻松多了。

有一天下课，我发现几个孩子围着另外一个孩子在争吵什么，我赶紧过去查看，原来是"樱桃战队"的赵×上课不专心，他们战队被扣了1分，大家正在表达对他的不满，有的孩子甚至推搡他。看到眼眶里满是泪水的赵×，我赶紧上前制止，并给孩子们讲了正确的处理方式。风波平息了，我也被孩子们深深打动：他们是如此在乎集体的荣誉！现在我不再后悔当初的选择，而是为能参与孩子的成长感到开心！但是，如果离开家长的支持，我们是做不到这一点的。

情景六：家长带队秩序井然

由于古城的建设，我们学校需要整体拆迁。旧学校拆了，新学校还没有建好，学校暂时搬迁至二中上课。二中校园宽敞，学校由南门和北门进出，这对于高中和初中学生没有问题。但是小学生放学基本都需要家长接送，有序放学就成了一个大问题。有的学生走南门比较近，有的学生走北门比较方便，于是一个班便需要分为两部分由老师送出校门，这对老师来说不仅任务繁重，而且维持秩序也相当困难。学校经过考虑，每个班成立了家长护学岗，每个班由一两个家长提前几分钟到校，协助老师护送一部分学生到南门等待家长接孩子。这一工作得到了家长的大力支持，每个班的护学岗的家长戴着学校发的"护学岗"的红袖套，每天按时到学校和老师一起护送孩子放学。于是，全校放学的秩序变好了，"护学岗"的家长也感到能为学校和孩子们出一份力而开心。孩子在学校读书，当学校遇到困难需要帮助时，家长一定会倾力相助的。这样的家校共育能够充分利用家庭和学校的资源，形成互补优势与教育合力。

多年的教学经验让我明白，教育其实是一场心与心的交流，老师以爱心守护着学生，以满腔热情感动着家长，在教育的这条路上，尽自己的力量使学校、社会、家庭各方在孩子成长的路上不缺位、不错位。每位教师只有充分认识家校共建共育的重要性，提高教师和家长的合作共建教育意识，才能使教育的途径得以畅通，教育才能有成效。我坚信，如果老师和家长携手同行，彼此充分尊重与信任，形成家校共育的整合优势，必定会为学生营造一个和谐环境，促进学生更好地发展。

她不想上学

——小学生心理健康教育案例

西昌市第五小学　尹亚

　　小韵，一名小学三年级的女生，大眼睛，长睫毛，看起来格外文静秀气。小韵学习成绩优秀，个子高挑，比班上其他女孩高出多半头，她的头发很长，经常编一个麻花辫拖到了屁股上。小韵的父母都是高个子，并且年龄比其他家长要大些，对她的教育很重视，很尊重孩子，有时候甚至有些溺爱她。小韵业余时间在学习拉丁舞，这让她不俗的气质更加出众，平时走路昂首挺胸，脚步轻盈有力，就连转个身都是优雅的，我们几个任课老师私下讨论她长大肯定是个气质美女。但是小韵近期表现出明显的不愿上学的情绪。原本活泼开朗的她，最近每天早晨都显得异常焦虑，常常以各种理由，如身体不适、忘记作业等逃避上学。经常家长将其送到校门口或接近校门口时，她就以拉肚子、肚子疼等借口上厕所，然后长时间不出来，继而以身体不舒服为理由让父母给她请假不上学，父母带她到医院做了相关检查，结果显示正常，反复去医院几次后，父母就拒绝她以身体不舒服请假，劝说她上学，但效果不佳，后来直接发展到了毫无理由，就是不进教室，不上学。家长和老师意识到这一现象的严重性，决定联合进行深入了解与干预，以期帮助小韵克服心理障碍，重新找回对学校学习的兴趣和热情。

一、症状分析

1. 情感上的抵触

小韵提到学校时，表情会变得沉重，眼神躲闪，言语中透露出对学校的恐惧和不安。

2. 社交退缩

课间时，小韵更愿意独自坐在座位上，不安地四处张望，不愿意参与同学的互动和游戏。

3. 生理反应

有时还会出现肚子痛、拉肚子、胃痛等生理症状，经检查并无器质性病变，可能是心理压力导致的躯体化表现。

二、原因分析

通过家访、与任课老师沟通、和小韵好友交谈，发现导致她不愿上学的原因主要有以下几点：

1. 得不到老师重视

小韵一直成绩优秀，听话，无需老师多花口舌和心思去督促她，加上学习舞蹈让她对自己很自信，但是在学校老师没有表现出对她的关注，导致她觉得老师没有注意到她，不喜欢她。

2. 人际关系困扰

小韵作为女生的一些生理开始发育，班级中有几个男生因此笑话她，让她感觉恐惧，同时也对自己身体的变化感到无所适从和莫名恐慌。

3. 家庭环境变化

近期家中父母关系紧张，氛围压抑，影响了小韵的情绪状态。

4. 自我认知偏差

小韵开始质疑自己，担心自己不被老师和同学喜欢。

三、心理健康教育干预措施

（一）建立信任关系

1. 个别辅导

班主任和其他老师找小韵单独谈话，但她不信任老师，效果不佳，又请了学校领导跟她谈话，有一定效果，但是保持时间很短，谈话当天她进教室上课了，第二天又拒绝进教室了。后来学校邀请心理咨询师老师与小韵进行一对一的沟通，倾听她的想法和感受，才初见成效，逐步建立起了信任关系。我们得知了小韵心里的想法，原来一切要从这学期学校组织课桌舞表演比赛开始，小韵因为动作做得到位，节奏感好，被老师选为领舞，小韵非常开心，觉得平时自己上课坐得端端正正，认真听讲，积极回答问题老师都好像没看见一样，这次老师终于发现自己的优点了，小韵更加重视这次表演，每次都会认真对待，力争把每一个动作都做到完美。可是，没有排练几天，新的困扰产生了，小韵总是听见站在自己身后的几个男生说悄悄话，还不时地低声笑，一开始，小韵转身提醒他们认真排练，他们会有所收敛，后来，小韵转身提醒他们，他们就会站直，闭着嘴巴但又忍不住笑出声来，这让小韵很是恼火，她们到底在笑什么，难道是笑自己吗？一天，小韵穿上了妈妈给自己买的新内衣，站在前面领舞，她发现后面几个同学的声音更大了，她隐约听到了他们在议论"小韵穿大人的内衣了"，小韵不敢转过去，她突然意识到了自己和班上其他女生的不同。她怕同学们笑话她，从那天开始，小韵不再穿新内衣了，她只要一进教室，就觉得同学们在议论她，坐在教室里上课和站在讲台上领舞时，总觉得后面的同学都在盯着她看，让她很不自在，走在上学和放学的路上也是这样的感觉，这让她坐立不安，想一个人待着，她试图告诉妈妈自己的感受，可是妈妈说那是她自己多想了，还说希望她要体谅父母，做个贴心的"小棉袄"，最近家里事多，不要用这些莫须有的事情来给父母增加烦恼。小韵突然觉得没有人懂自己，而自己也不知道要怎么办，上课她不敢坐得直直的，走路、领舞也都含胸驼背，生怕别人又笑话她，渐渐地她不敢去学校了，不愿意上学了，对学习也没有信心。

2. 家庭参与

邀请家长参与咨询过程，共同了解问题根源，形成家校合作的支持系统。在了解了孩子内心的想法后，老师和家长进行了深入交流，交换了各自了解到的情况和解决问题的想法，并互相提出建议，形成了以解决孩子问题为目标的家校合作支持系统。

（二）认知调整与情绪管理

1. 正面引导

通过讲故事、角色扮演等方式，帮助小韵认识到女生身体发育的特点，以及如何面对他人的嘲笑。班级还邀请科学老师给孩子们再上了一次认识自己身体的生理课，让每一个孩子认识到自己身体即将发生的变化，做好心理建设，正确面对，让同学们换位思考，不因身体上的变化而嘲笑他人。

2. 情绪识别与表达

教授小韵识别和表达自己情绪的方法，如使用情绪词汇、绘画、写日记等。小韵在接受马老师心理咨询时，在马老师的指导下，把自己的困扰一个一个写了出来，马老师通过整理小韵书写的杂乱的语言，逐渐了解了她内心的想法，找到了症结所在，而小韵也表示，在把心里的困扰写出后，自己也轻松多了。马老师还教小韵用绘画、写日记等方法来帮助自己抒发情绪。后来妈妈给她买了一本精美的日记本，在觉得表达不清楚自己的想法或者感到困惑时，就尝试用文字来帮自己记录、整理。

（三）社交技能训练

1. 团队活动

组织小组活动，鼓励小韵参与，提高她的社交的能力。小韵明确表示过，不知道如何面对嘲笑过自己的那几个男生，看到他们就觉得害怕、恐惧。针对这一情况，我们专门在班上组织了小组活动，在老师的引导下，嘲笑小韵同学的那几名同学真诚地向她道歉，小韵最终放下包袱，和同学正常相处。

2. 角色转换

在游戏中让小韵担任教师角色，让她理解老师并不是不喜欢她，增强她的自信心和归属感。在游戏中，小韵自己当了老师，忙于处理同学纠纷，提醒不自觉的孩子，还要给同学们讲课，对认真听课的孩子也是无法顾及，连表扬他们的时间都没有，使她明白了老师并没有不喜欢她，这让她重拾了自信心，开始认真学习。

（四）家庭环境改善

建议家长改善家庭关系，营造温馨和谐的家庭氛围，减少对孩子的负面影响。增加亲子活动时间，增进亲子关系，让小韵感受到家的温暖和支持。

经过大半个学期的干预，小韵的情绪逐渐稳定，对学校的态度有所转变，对老师也信任了，对同学也不惧怕了，开始积极参与课堂和课外活动。她的笑容变多了，自信心也得到了提升。她又回到了那个眼神忽闪忽闪，笑容坚定，转身优雅的小女孩。为了巩固成效，学校持续关注小韵的动态，定期对她进行心理健康评估，并提供必要的支持和帮助。

小学生心理健康问题不容忽视，尤其是像小韵这样表现出明显厌学情绪和惧怕人际交往的学生。通过家校合作、专业干预和全方位的支持系统，可以帮助他们有效克服心理障碍，促进其全面健康发展。